Statt eines Editorials

AF234755

Nie wieder Krieg!
Von Täuschung zu Täuschung
Auf dieser Erde vorankommen[1]

Tōta Kaneko (1919–2018)

Ihre SOMMERGRAS-Redaktion

---

[1]Aus: Tōta Kaneko: Cet été-là, j'étais soldat, Verlag Pippa, Paris 2018.
Übersetzung ins Deutsche von Eleonore Nickolay.

Inhalt

Deutsche Haiku-Gesellschaft e. V.

Die Deutsche Haiku-Gesellschaft e. V.[1] unterstützt die Förderung und Verbreitung deutschsprachiger Lyrik in traditionellen japanischen Gattungen (Haiku, Tanka, Haibun, Haiga und Kettendichtungen) sowie die Vermittlung japanischer Kultur. Sie organisiert den Kontakt der deutschsprachigen Haiku-Dichter untereinander und pflegt Beziehungen zu entsprechenden Gesellschaften in anderen Ländern. Der Vorstand unterstützt mehrere Arbeits- und Freundeskreise in Deutschland sowie Österreich, die wiederum Mitglieder verschiedener Regionen betreuen und weiterbilden.

[1]Mitglied der Federation of International Poetry Associations (assoziiertes Mitglied der UNESCO), der Haiku International Association, Tokio, Ehrenmitglied der Haiku Society of America, New York.

Anschrift	Deutsche Haiku-Gesellschaft e.V., z. Hd. Stefan Wolfschütz, Postfach 202548, 20218 Hamburg
Vorstand	
Info/DHG-Kontakt und Redaktion	Horst-Oliver Buchholz, horst-oliver.buchholz@dhg-vorstand.de
Redaktion	Eleonore Nickolay, eleonore.nickolay@dhg-vorstand.de
Kassenwartin	Petra Klingl, petra.klingl@dhg-vorstand.de
Website	Stefan Wolfschütz, stefan.wolfschuetz@dhg-vorstand.de
	Claudia Brefeld, post@claudiabrefeld.de
Internationale Kontakte	Klaus-Dieter Wirth, kd.wirth@dhg-vorstand.de
	Peter Rudolf, peter.rudolf@dhg-vorstand.de
	Tony Böhle, tony.boehle@dhg-vorstand.de
Bankverbindung:	Landessparkasse zu Oldenburg, BLZ 280 501 00, Kto.-Nr. 070 450 085 (BIC: SLZODE22XXX, IBAN: DE97 2805 0100 0070 4500 85)

Bibliografische Information der Deutschen Nationalbibliothek:
Die Deutsche Nationalbibliothek verzeichnet diese Publikation
in der Deutschen Nationalbibliografie;
detaillierte bibliografische Daten sind im Internet über dnb.dnb.de abrufbar.

©2022 Deutsche Haiku-Gesellschaft
Herstellung und Verlag:
BoD – Books on Demand, Norderstedt
ISBN 978-3-755749-23-3

Rezensionen/Besprechungen

KreAktiv

Nicht eben einfach, wozu wir im vergangenen SOMMERGRAS angeregt hatten. Galt es doch, das Haiku eines Meisters mit einem Unterstollen zu einem Tan-Renga zu erweitern: Issa war es, von dem wir ein Haiku zum Frühling zitierten:

> Ohne viel Getu´
> ist der Frühling einfach da –
> Helles Himmelsgelb!

Ohne viel Getue erreichten uns 32 Einsendungen, teils heitere, teils nachdenkliche, auch stimmungsvolle. Wir lasen und staunten, gewichteten und verwarfen – wie immer war die Auswahl nicht leicht. Schließlich war es ein Unterstollen von **Gabriele Hartmann**, still, anmutig, in großer Klarheit, die in einfacher Sprache Wirkung erzeugt, der die meisten Punkte bekam. Wir gratulieren! Und so heißt er:

> Ohne viel Getu´
> ist der Frühling einfach da –
> Helles Himmelsgelb!
>
> unter der Forsythie
> unser erster Kuss

Und hier eine Auswahl von Texten, die die Juroren mehrheitlich überzeugt haben. Alle weiteren Texte, die uns erreicht haben, werden ebenfalls veröffentlicht. Wie immer auf „Hallo Haiku", dem Online-Portal der Deutschen Haiku-Gesellschaft: www.haiku.de/sommergras-137

Ohne viel Getu´
ist der Frühling einfach da -
Helles Himmelsgelb!

sie versucht es
ohne Krücken

Martin Berner

Ohne viel Getu´
ist der Frühling einfach da -
Helles Himmelsgelb!

Sonnabend im Park
so viele Düfte zertreten

Ruth Karoline Mieger

Ohne viel Getu´
ist der Frühling einfach da -
Helles Himmelsgelb!

Der Amsel Abendgesang
fliegt über den Schneegarten.

Ina Schwarzer

Ohne viel Getu´
ist der Frühling einfach da -
Helles Himmelsgelb!

In der Sonne kämmt sich
eine Hummel ihren Pelz

Deborah Karl-Brandt

Ohne viel Getu´
ist der Frühling einfach da -
Helles Himmelsgelb!

Wieder naht der Frühjahrsputz.
Nun denn, nun denn!

Johann Reichsthaler

Ohne viel Getu´
ist der Frühling einfach da -
Helles Himmelsgelb!

In die gewählte Stille
eines Mönches Bittgebet.

Helga Stania

Ohne viel Getu´
ist der Frühling einfach da -
Helles Himmelsgelb!

Nur mein Nachbar
trägt weiter den Winterpelz

Udo Zielke

Auruf

Ein Haiku zum Thema „Wald"

Hinaus in die Natur! Dorthin, wo es seit jeher reich ist an Inspirationen für Poetinnen und Poeten: hinaus in den Wald. Wir laden Sie ein, dazu ein Haiku zu dichten. Als kleine Anregung möge das Bild dienen. Ausdrücklich erlaubt und erwünscht sind natürlich auch Haiku, die sich vom Bild lösen und eigene Impressionen, Erlebtes oder Geschautes zum Thema „Wald" aufs Papier bringen.

Einsendungen an
redaktion@deutschehaikugesellschaft
Stichwort: Haiku KreAktiv
Einsendeschluss: 15. Juli 2022

Haiku-Kaleidoskop

Klaus-Dieter Wirth

Das Haiku als Vierzeiler

Ausnahmen bestätigen die Regel! Warum sollte das also nicht auch für das Haiku gelten? Allerdings trifft diese Grunderkenntnis hier umso pointierter zu, da bei näherem Hinsehen in diesen Fällen Abweichungen überwiegend eher konstruiert als berechtigt erscheinen. Bisweilen drängt sich sogar der Eindruck auf, dass das besondere Verhalten in erster Linie dazu dienen soll, mehr Aufmerksamkeit auf die Autorschaft zu lenken.

Ein beredtes Zeugnis legt davon der britische Haiku- und Haibun-Autor Stephen Henry Gill ab, der – vielleicht schon bezeichnenderweise – seit über 30 Jahren unter dem Pseudonym Tito firmiert, seine Haiku quasi von Anfang an in vier Zeilen schrieb, sie ferner stets mit dem Entstehungsort und -datum versah und sie seit 1990, dem Gründungsjahr der British Haiku Society (BHS), als Haiqua, seine eigene Wortschöpfung, bezeichnete. Die Vierzeiligkeit geht bei ihm – wie er selbst erklärte[1]– auf seine erste Begegnung mit dem Haiku 1972 in einer Klosterbibliothek am Fuß des Fuji zurück, wo er eine ältere Penguin Classic Paperback-Ausgabe von Bashōs berühmtem Reisetagebuch „Auf schmalen Pfaden ins Hinterland" aus dem Jahr 1966 in einer englischen Übersetzung von Nobuyuki Yuasa fand. Das Beispiel lautete:

Even the woodpeckers   Sogar die Spechte
Have left it untouched,   Haben sie unberührt zurückgelassen,
This tiny cottage   Diese ganz kleine Hütte
In a summer grove.   In einem Sommerhain.

---

[1]Blithe Spirit – Journal of the British Haiku Society, Volume 31, Number 2, May 2021, S. 26

Dass nun aber eine solche Version keineswegs geeignet war, als grundlegende Form für das Genre verstanden zu werden, belegen gleich drei auf der Hand liegende Beweise, die auch einem vielleicht zu sehr auf Selbstdarstellung achtenden Weltenbummler bei seiner ununterbrochenen weiteren Beschäftigung mit dem Haiku unweigerlich hätten auffallen müssen:

Da wäre zunächst das japanische Original in Betracht zu ziehen gewesen:

kitsutsuki mo / io wa yabura zu / natsu kodachi

das sich eindeutig im klassisch-traditionellen 5-7-5-„Silben"-Schema darstellt. Auch die Interlinearübersetzung

Spechte sogar / Hütte betreffs Beschädigung nicht / Sommerhain

weist auf keinerlei Erweiterung, eher auf eine Verkürzung hin. Entsprechend fällt die folgende – wortlautorientiertere – englische Übersetzung aus:

even woodpeckers	sogar Spechte
do not damage this hut	beschädigen diese Hütte nicht
a summer grove[2]	ein Sommerhain

Und schließlich käme auch die obige vierzeilige Version nach Streichung allen überflüssigen Ballasts sogar ganz normal im 5-7-5-„Silben"-Schema und dazu viel griffiger, haikuhafter daher.

even woodpeckers	sogar Spechte
left it untouched this cottage	ließen sie unberührt diese Hütte
in a summer grove	in einem Sommerhain

---

[2]Reichhold, Jane: Bashō – The Complete Haiku, New York (Kodansha) 2013, S. 134

Sechs Monate später schrieb Tito dann schon auf seiner Tour durch den Mittleren Osten und den Himalaya in Nepal den folgenden eigenen, haikunahen Text:

Seemingly engulfed	Scheinbar verschlungen
By the weedy bay,	Von der verkrauteten Bucht.
Three boys in a boat	Drei Jungen singend
Are singing.	In einem Boot.
(Gairako Chautara, Phewa Lake, 16.7.72)	

Viel zu überladen! Und auch hier hätte die nötige Straffung zu einem überzeugenderen Ergebnis geführt:

seemingly engulfed	scheinbar verschlungen
by the bay singing boys	von der Bucht singende Jungen
in a boat	in einem Boot

Selbst über die folgenden Jahre hinweg ist in Titos Haiquas außerdem keinerlei Strukturgerüst zu erkennen: Eine bis selten mehr als sieben Silben wechseln einander beliebig ab:

Today –	Heute –
tongues of deer	Zungen von Hirschen
curl around	umschlingen abgefallene
fallen magnolia petals	Magnolienblütenblätter
(Nara, 26.3.20)	

Eine derartige Willkür verträgt das Haiku jedoch nicht! Seine Orientierungsschablone ist und bleibt nun einmal die Dreiteilung im Rhythmus von 5-7-5 Silben bei einem in der Regel zweiteiligen Inhalt. Im obigen Beispiel wäre im Übrigen leicht auch eine Annäherung in diesem Sinne zu erreichen gewesen, wenn der Autor einfach auf den ersten Vers verzichtet hätte. Überdies ist der Augenblicksbezug ohnehin bereits immanent vorhanden. Ihn ausgerechnet mit „today" expressis verbis besonders hervorzukehren, ist in diesem Fall nicht nur überflüssig, sondern – ganz genau betrachtet – eher noch verwässernd.

Welche Argumente für ein vierzeiliges Haiku führt nun sein „Pionier" selbst an? Hier sind sie:

„Ich liebe die Möglichkeit, ein Wort oder einen Wortverband durch eine zusätzliche Zeile hervorzuheben, die Art und Weise wie alles der japanischen Schreibgepflogenheit entsprechend so weiter nach unten abrollt ... Ich lasse die Augenblicke einfach auf mich zukommen, eine Ansicht weit entfernt von jeder Silbenzählerei ... Alle meine Haiku entstehen aus dem Zusammenfließen von Ort, Zeit und Dichter. Sie sind nicht nur mein Werk: Der Ort und der Tag sind gleichermaßen ihre ursächlichen Bestandteile."[3]

Neutral betrachtet, wohl keinerlei triftige Aussagen: die erste sogar höchst kontraproduktiv, da gerade das Haiku grundsätzlich von der Kürze, eher noch von einer Verknappung lebt; die zweite geradezu läppisch, von nicht nachvollziehbarer Bedeutung; die dritte, explizit zu einer Grundkomponente erhoben, ähnlich zu vernachlässigen, was allein schon die jahrhundertealte japanische Praxis belegt, wo diese Auffassung absolut keine Rolle spielt.

An anderer Stelle, in einer unbekannt gebliebenen französischen Quelle, sagt Tito zur Verteidigung des Vierzeilers noch weiter, dass er „mehr Raum biete, um Bilder unterzubringen, dass er einen verlangsamten Informationsfluss schaffe, mehr Möglichkeiten, um „Trennwörter" einzusetzen und das Haiku schließlich näher an andere poetische Formen heranrücke." Wer sich aber mit dem besonderen Charakter gerade des Haiku einigermaßen auskennt, weiß, dass alle diese Punkte ihm nur abträglich sein können!

Fazit: Das Haiku ganz prinzipiell auf vier Zeilen hin auszurichten, ist sicherlich eine Methode, die ihm letztlich nicht gerecht wird.

So nimmt es auch kein Wunder, dass – wie schon Martin Lucas,

---

[3]Blithe Spirit – Journal of the British Haiku Society, Volume 31, Number 2, May 2021, S. 27 f.

ehemaliger Präsident der Britischen Haiku-Gesellschaft 2010 feststellte – sich nur sehr wenige von Tito haben inspirieren lassen, sodass außerhalb seines Kreises in Kansai, Japan, diese Spielart fast ganz vernachlässigt wird."[4]

Dennoch ist natürlich nicht auszuschließen, dass die erhöhte Zeilenzahl in gewissen Einzelfällen durchaus von überzeugenden Faktoren bestimmt sein kann, wie etwa in den folgenden vier Beispielen von der Vertiefung bzw. Intensivierung der inhaltlichen Aussage mit Hilfe eben dieses formalen Instruments, bisweilen noch unterstützt von einer Wiederholung:

Crows cawing,	Krähen krächzend,
crows flying,	Krähen fliegend,
no place	kein Ort,
to settle down.[5]	um sich niederzulassen.
Taneda Santôka (1882–1940)	

Inhaltlich weist hier der Autor symbolisch auf seine ständig ihn begleitende Ruhe- bzw. Heimatlosigkeit hin.

A stone	Ein Stein
and a stone	und ein Stein
in the moonlit night	in der mondhellen Nacht
nestle against one another.[6]	schmiegen sich aneinander.
Ogiwara Sensensui (1884–1976)	

---

[4]Sommergras, Nr. 123, Dezember 2018, S. 24
[5]Übersetzung von William Scott Wilson
[6]Übersetzer unbekannt

Au large est mon père	Auf dem Meer ist mein Vater
au large	auf dem Meer
une fois par jour	einmal am Tag
le soleil se couche[7]	geht die Sonne unter

      Shigenobu Takayanagi (1923–1983)

Takanyanagi schrieb seine Haiku allerdings unter dem Einfluss der modernen westlichen Poesie systematisch auf mehrere Zeilen verteilt und nicht, wie sonst allgemein üblich, in einer einzigen Zeile nieder.

Silence	Stille
and a deeper silence	und tiefere Stille
when the crickets	wenn die Grillen
hesitate	zögern

      Leonard Cohen (CA)

All day long	Den ganzen Tag lang
the mist drifts	treibt der Nebel
around the edges	um die Ränder
of my solitude	meiner Einsamkeit

      Ken Jones (GB)

Gelegentlich bietet sich ein Vierzeiler allein schon aufgrund seiner formalen Struktur an, sobald es sich um einen Doppelbezug handelt:

blackbird	Amsel
in the long grass	im hohen Gras
its eye	ihr Auge
my eye	mein Auge

      David Cobb (GB)

---

[7]Übersetzung von Corinne Atlan und Zéno Bianu

new dawn
a white bird rises
out of the bayou
out of the full moon
    Elizabeth Howard (US)

neue Morgendämmerung
ein weißer Vogel steigt auf
aus dem Bayou[8]
aus dem vollen Mond

wagtail
at the weir's edge
back and forth
across the falling water
    Martin Lucas (GB)

Bachstelze
am Rande des Wehrs
hin und zurück
über das fallende Wasser

myosotis en fleurs
un papillon plie
et déplie
le silence
    Danièle Duteil (FR)

blühendes Vergissmeinnicht
ein Falter faltet
und entfaltet
das Schweigen

Manchmal drängen eine gewisse ähnliche inhaltliche Parallelität, gedankliche Ausrichtung oder auch nur der Rhythmus des Satztaktes nach einer solchen Struktur:

the deaf man
having trouble
lip reading
my accent
    Basem Farid (EG/GB)

der taube Mann
hat Probleme
beim Lippenlesen
meines Akzents

---

[8]Ein sumpfiger Flussnebenarm

mother
smiling at me
on fading
Kodak print

    Jim Mantice (US)

Mutter
lächelt mich an
auf verblassendem
Kodak-Abzug

garden
after rain –
I inhale
green

    Ruth Packer (GB)

Garten
nach dem Regen –
ich atme
Grün ein

lost in
the fog
the smell
of smoke

    David Serjeant (GB)

verloren im
Nebel
der Geruch
von Rauch

solitary walk –
through pines
a hunter's moon
paper white

    Susan M. Wade (GB)

einsame Wanderung –
durch Kiefern
ein Jägermond
papierweiß

Dans un lit
jambes emmêlées
Goût de bonheur
sous les yeux clos

    Jean Antonini (FR)

Im Bett
die Beine umschlungen
Glücksgeschmack
unter geschlossenen Augen

traversant la première aube	die erste Morgendämmerung
de l'année	des Jahres durchquerend
sans laisser de trace	ohne eine Spur zu hinterlassen
la corneille	die Krähe

Hélène Boissé (CA)

New year's morning	Neujahrsmorgen
all alone for me	ganz für mich allein
the highway	die Schnellstraße
to the sun	zur Sonne

Dietmar Tauchner (AT)

Schließlich fällt auf, dass gerade da, wo man mit der Form zu spielen versucht, gerne auch der Vierzeiler angewendet wird:

at twilight	in der Dämmerung
hippo	Nilpferd
shedding	schüttelt
the river	den Fluss ab

Virginia Brady Young (US)

too much heat	zu große Hitze
the melon	die Melone
splits	zerplatzt in
in two	zwei Teile

Ion Codrescu (RO)

the river	der Fluss
going over	der über
the afternoon	den Nachmittag fließt
going on	fließt weiter

Dee Evetts (GB)

In diesen Fällen war die Motivation wahrscheinlich nicht so sehr ein vierzeiliges Ergebnis, sondern eine organischere Darbietung.

between	zwischen
Goethe & Graves[9]	Goethe & Graves
summer	Sommer-
shelfdust	Regalstaub
LeRoy Gorman (CA)	

A	square	Ein	Quadtrat
of	water	aus	Wasser
r e f l e c t s		s p i e g e l t	
the	moon	den	Mond
Robert Spiess (US)			

Mögen die meisten dieser Beispiele wohl auch bei eingefleischten Traditionalisten noch Anerkennung finden, so bleibt zunächst nach wie vor festzustellen, dass es sich hier um Einzelfälle gehandelt hat. Ausnahmen bestätigen eben die Regel!

Generell lässt sich jedoch weiterhin festhalten: Ein Haiku mit vier Versen wird nur dann zu einem akzeptablen Ergebnis führen, wenn es sich quasi auf ganz natürliche Weise darauf zu entwickelt hat. Um das zu überprüfen, bedarf es der stets gebotenen Disziplin, bei der am Ende immer all das wegzulassen ist, was letztlich die Kernaussage noch belastet. In der Regel reduziert sich sodann schon die überwiegende Zahl aller Vierzeiler auf das übliche Normalmaß von drei Versen.

Kriterien, die zu diesem Zweck von Bedeutung sein können:

1. Vierzeiler sind ebenso wie Zwei- und Einzeiler vor allem dadurch in

---

[9]Robert Graves, im deutschen Sprachraum Robert von Ranke-Graves, war ein britischer Schriftsteller und Dichter.

ihrer Akzeptanz gefährdet, dass sie nicht dem Grundkriterium der Asymmetrie genügen.

2. Vierzeiler neigen demzufolge dazu, durch die Betonung ihrer Zweipoligkeit allzu symmetrisch, zu abgerundet, nicht offen genug zu erscheinen.

3. Vierzeiler tendieren mehr zur Prosa als zur Poesie, zeigen umso eher eine Satzstruktur.

4. Vierzeiler sind bereits wegen ihrer größeren Länge kontraproduktiv, da sie dem Anspruch auf Kompaktheit von vornherein entgegenwirken.

Foto: Paul Bernhard, Tanka: Claudia Brefeld

Eleonore Nickolay

Die französische Ecke

GONG, die Vierteljahresschrift der *Association Francophone de Haïku* widmet ihre Frühlingsausgabe jahreszeitengemäß den Bienen. Isabel Asúnsolo, die den Themenblock koordinierte und inzwischen mit ihrem Mann unter die Imker gegangen ist, findet mindestens zwei Parallelen zwischen den Bienen und den Menschen, die Haiku schreiben: die genaue Beobachtung und Erwartung der Jahreszeiten und die Sensibilität für den Lebensraum. Und dann sinniert Isabel weiter, dass die Biene den Nektar von Blume zu Blume trage, so wie das Haiku sich von einer Sprache in die andere ausbreite. Selbst in den sechseckigen Bienenwaben entdeckt sie eine Ähnlichkeit mit dem Haiku: Die Waben haben drei Symmetrieachsen, das Haiku drei Linien.

Dem folgt ebenso originell ein imaginäres Gespräch von Jean Antonini mit Bashō über dessen einziges Haiku, in dem eine Biene vorkommt. Danach erzählen neun Autoren und Autorinnen in ihren Haibun von Begegnungen mit Bienen. Daraus zwei Haiku:

sous les pommiers
son livre à l'envers
elle lit les abeilles et les fleurs
    Geneviève Fillon

unter den Apfelbäumen
ihr Buch verkehrt herum
liest sie Bienen und Blumen

Cerisier d'octobre
sur la photo vert et blanc
où es-tu l'abeille ?
    Monique Merabet

Kirschbaum im Oktober
auf dem Foto grün und weiß
Biene, wo bist du?

Und hier noch eins aus Isabels privater Bibliothek:

une petite abeille
de pâquerette en pâquerette —
je tondrai demain
    Damien Gabriels

            eine kleine Biene
            von Gänseblümchen zu Gänseblümchen –
            ich mähe morgen

Dem Haiku-Aufruf zum Thema „Bienen und andere Insekten" folgten 67 Haiku-Dichtende.
    Hier eine kleine Auswahl:

Mimosa en fleurs	Mimosenblüte
il joue à cache-cache	er spielt Verstecken
le papillon jaune	der gelbe Schmetterling
Isabelle Carvalho Teles	
Zone de transit	Transitbereich
clandestin	als blinder Passagier
le moustique tigre	die Tigermücke
Chantal Couliou	
sur la dune	auf der Düne
sifflotant avec les grillons	mit den Grillen singt
le vent d'ouest	der Westwind
Sylviane Donnio	
longue pluie d'hiver	langer Winterregen
nous gardons la chambre	wir hüten das Zimmer
la mouche et moi	die Fliege und ich
Philippe Macé	

Essaim d'enfants
écouter bourdonner
la maison l'été

  Françoise Saint-Pierre

les abeilles chantent
dans le romarin en fleurs
je suis inutile

  Zlatka Timenova

Soir sans lune –
dans l'attrape-rêves
une araignée

  Sandrine Waronski

Ein Schwarm Kinder
lauschen wie das Sommerhaus
summt

die Bienen singen
im blühenden Rosmarin
ich bin überflüssig

Mondloser Abend
im Traumfänger
eine Spinne

Conrad Miesen

Porträt und Würdigung von Isolde Schäfer

Zu den prägenden und sehr engagierten Mitgliedern in der Gründungs-
phase der Deutschen Haiku-Gesellschaft gehörte auch die Österreicherin
Isolde Schäfer, die 1991 beitrat und die ich persönlich beim zweiten Haiku-
Kongress in Lindenberg im Allgäu an den Pfingsttagen 1991 kennenlernte.

Wie Isolde mir später gestand, blieben ihr diese Tage unvergessen, da
sie einen großen Gleichklang bei den Gesprächen mit den anderen Mit-
gliedern empfand, vor allem aber sehr erstaunt darüber war, mit welcher
Selbstverständlichkeit sie in den Kreis der ‚geübten Haiku-Leute' aufge-
nommen wurde.

Durch ihre charmante, offene und humorvolle Art waren mir die Be-
gegnung mit ihr und der Gedankenaustausch beim Kongress in besonde-
rer Erinnerung geblieben, sodass ich mich im Juni 1991 brieflich an sie
wandte und in der Folgezeit mit ihr und ihrem Mann Otto in einem engen,
freundschaftlichen Kontakt stand, der sich in zahlreichen Briefen, wech-
selseitig übermittelten Texten und einigen persönlichen Begegnungen ma-
nifestierte.

Isolde Schäfer starb im November 2020 im 83. Lebensjahr. Mit diesem
Porträt soll an sie erinnert und ihre intensive Mitarbeit bei Projekten der
Deutschen Haiku-Gesellschaft dargestellt werden.

Biografie und Werdegang

Isolde Helga Schäfer (geb. Huschka) wurde am 27.4.1938 im westfälischen
Dorsten geboren, wuchs aber in Linz an der Donau auf. Später lebte sie
vorwiegend in Leonding und Bad Ischl. Nach der Mittleren Reife absol-
vierte sie eine Lehre als Industriekauffrau, arbeitete dann langjährig als
Kontoristin und ab 1969 als Teilzeitkraft in einer Bank.

Verheiratet war sie seit 1960 mit Otto Schäfer. Ihre halbtägliche Berufs-
tätigkeit ließ ihr genügend Zeit und Spielraum für einige intensiv betrie-
bene künstlerische Freizeitbeschäftigungen, auf die wir noch zurückkom-
men werden. Am 29. November 2020 verstarb sie in Bad Ischl.

Mitwirkung bei der Realisation der Kongresse

Schon seit den Anfängen unseres Briefwechsels im Sommer 1991 war mir bewusst geworden, wie intensiv, gründlich und umfassend Isolde sich ihren Aufgaben widmete. Handgeschriebene Briefe von acht Seiten waren keine Seltenheit, und auf Antwort musste ich niemals lange warten.

Der Geschäftsstelle der DHG bzw. Margret Buerschaper als der ersten Vorsitzenden war sie nicht nur beim Haiku-Kongress in Österreich (Gföhl 1995), sondern auch bei den anderen Veranstaltungen von großem Nutzen.

Sie entlastete Margret, indem sie stellvertretend Kontakte und Korrespondenzen mit den Mitgliedern übernahm und tippte z. B. jeweils nach Abschluss der Kongresse sämtliche an den Pfingsttagen entstandenen Tan-Renga ab, damit diese in den Kongressberichten publiziert werden konnten.

Vielseitige Talente und kreative Tätigkeiten

Ihre musischen Begabungen wurden von früh an im Elternhaus erkannt und gefördert. Isolde liebte Musik und erlernte Instrumente, malte gerne, besuchte Ikebana- und diverse Sprachkurse. Was die Malerei betrifft, so beschränkte sie sich nicht nur auf Zeichenblock und Staffelei, sondern wagte sich in späterer Zeit auch an erstaunlich umfangreiche Projekte. Aus einem ihrer Briefe erfuhr ich, dass das Schlosshotel am Wolfgangsee sie beauftragt hatte, dort in mehreren großen Räumen Wandmalereien auszuführen; unter anderem an einer acht Meter langen Wand, was sie körperlich sehr belastete. Auch an kleineren Gedichten und Prosatexten versuchte sie sich seit ihrer Jugendzeit.

Isolde Schäfers Weg zum Haiku

Seit 1988 kam sie im Rahmen von mehreren Ikebana-Lehrgängen auch mit den japanischen Kurzgedichten Haiku und Tanka in Berührung, lernte sie zu schätzen und begann sogleich, sich dauerhaft mit diesen Kurzgedichtformen auseinanderzusetzen. Das Haiku-Schreiben übernahm bei ihr rasch eine Art von tagebuchartiger Funktion. Wie sie in einem Zeitungsartikel schrieb, lag bei ihr stets ein Notizblock „am Nachtkasterl bereit", damit sie entsprechende Einfälle, die sich oft gerade mitten in der Nacht einstellten, festhalten konnte. Auch die Zeit in Wartezimmern bei Ärzten wurde dadurch „wunderbar verkürzt und eine kindliche Lust zu fabulieren" ausgelöst. Vorbild waren ihr in der Anfangsphase die Haiku der Erna Hintz-Vonthron, die auch Professor Carl Heinz Kurz sehr schätzte. Als Isolde Schäfer von der Gründung der Deutschen Haiku-Gesellschaft erfuhr, zögerte sie nicht, dort Mitglied zu werden und sich zu engagieren.

Im biografischen Anhang ihres Tanka-Buches „Fisch mit Rauchfang" aus dem Jahr 1995 heißt es:

> „Um die Muttersprache des Haiku zu ergründen, belegte ich Japanisch-Intensivkurse an der LM-Universität in München in Wort und Schrift. Mein Wunsch, ein Haiku in Japanisch zu denken und zu schreiben, ging in Erfüllung."

Ein Beispiel im japanischen und deutschen Wortlaut mag dies nachfolgend illustrieren.

Tsuki no yama —
rainen no haru mata
sakura saku —

Oh Berg des Mondes —
im nächsten Frühling wieder
Kirschbäume blühen —

Eigene Haiku-Kurse und das Projekt ‚Kinder-Haiku'

Nachdem Isolde Schäfer sich einige Jahre umfassend in Theorie und Praxis mit den Kurzgedichten nach japanischem Vorbild befasst hatte, hielt sie regelmäßig Lesungen und Haiku-Seminare ab, um ihr Wissen und ihre Freude an diesen japanischen Gedichtformen weiterzugeben; unter anderem in Linz an der Donau, Wien, Bad Ischl und im Schloss Hagenberg (nördliches Weinviertel).

Besonders erwähnenswert ist auch ihr Engagement, den Kindern das Haiku-Schreiben zu vermitteln. Erstmals realisierte Isolde dieses Projekt in der Klasse 2 a der Volksschule Kasdorf im Mühlviertel. In einem ihrer Briefe an mich hat sie sich dazu wie folgt geäußert:

„Da in Japan schon zahllose Volksschulkinder Haiku schreiben, dachte ich mir eines Tages: Warum soll das nicht auch bei uns gelingen? Durch befreundete Lehrerinnen war's dann möglich, diesen erstmaligen Versuch in Österreich zu realisieren. Davon legt mein Buch ,Rotkehlchen zwitschert' mit vielen erstaunlichen Kinder-Haiku ein beredtes Zeugnis ab. Mächtig stolz war ich übrigens, weil mir seine Exzellenz Tsuyoshi Kurokawa, der japanische Botschafter in Österreich, ein Grußwort für dieses Büchlein schrieb."

Ich zitiere einen Abschnitt dieses Grußworts, das im Vorspann des genannten Buches mit Kinder-Haiku abgedruckt ist:

„Ganz besonders begrüße ich die Initiative, mit Kindern Haiku zu verfassen. Denn wer eignet sich mehr als Kinder, wenn es heißt Spontaneität zu zeigen. Als Vertreter des Landes, aus dem ursprünglich dieses Kurzgedicht kommt, hoffe ich, dass sich Haiku immer mehr zu einer Kunstform entwickelt, die keine Grenzen der Sprachen und Kulturen kennt."

Leitung der österreichischen Haiku-Gruppe

Der Vorstand der Deutschen Haiku-Gesellschaft unter Federführung von Margret Buerschaper hatte Wert darauf gelegt, dass Treffen und der Gedankenaustausch der Mitglieder nicht nur durch die alle zwei Jahre stattfindenden Kongresse, sondern auch durch Einzelinitiativen von Mitgliedern auf regionaler Ebene möglich wurden.

Neben dem Haiku-Kreis, den Erika Schwalm leitete und der sich in Frankfurt regelmäßig zusammenfand, trafen sich in Magdeburg seit 1993 auf Betreiben von Reiner Bonack und Waltraud Schallehn Mitglieder der DHG aus den neuen Bundesländern und in Wien dreimal jährlich die österreichischen Haiku-Freunde, betreut von Friedrich Heller.

Als Heller die Leitungsaufgaben aus Altersgründen nicht mehr wahrnehmen konnte, bat er Isolde Schäfer, seine Nachfolgerin zu werden. Im Herbst 1995 vollzog sich der Wechsel, der — wie mir Isolde mehrfach in ihren Briefen ausführlich berichtete — mit komplexen organisatorischen Aufgaben, Korrespondenzen und Treffen verbunden war.

Besonders die Vorbereitung der dreimal jährlich stattfindenden Treffen, die Planung von gemeinsamen Lesungen der Gruppe und die jährliche Herausgabe der Anthologien forderte Isolde zeitweise sehr heraus, zumal sie kaum etwas an andere delegieren konnte. Von den Jahreslesen, die Isolde als Herausgeberin betreute und die alle in der St. Georgs Presse erschienen (liebevoll und sorgfältig gestaltet von Ottmar Premstaller), sind besonders die folgenden zu erwähnen, welche sich auf die vier Grundelemente beziehen:

„Bewegte Wellen" (2000), „Erde" (2001), „Feuer" (2002), „Luft" (2003) sowie der Band „Die Brücke" aus dem Jahr 1998.

Bis zum März 2003 hat Isolde Schäfer die österreichische Haiku-Gruppe, zu der damals ca. 80 Personen gehörten, vorbildlich geführt. Sie übergab die Leitung dann an die Galeriebesitzerin Renate Niedermaier, die sich heute Petra Sela nennt und Vorsitzende der österreichischen Haiku-Gesellschaft ist.

Während Isolde und Otto früher ihren Hauptwohnsitz in Leonding hatten, zogen sie im Alter ganz ins geliebte Bad Ischl, in dem noch bis heute das unveränderte Ambiente der vergangenen kaiserlichen Epoche weiterlebt. Im Leharkai erwarben sie eine Eigentumswohnung im Dachgeschoss eines Hauses – mit direktem Blick auf die Villa von Franz Lehar und eine alte, mächtige Föhre, in der viele Krähen nisteten, die auch den Weg in so manches Haiku von Isolde gefunden haben. Leider konnte Isolde ihre Altersjahre nicht hinreichend genießen, bedingt durch gesundheitliche Probleme, die sie selbst und ihren Mann betrafen. Für kreative Tätigkeiten blieb kaum noch Zeit übrig.

Sie ließ es sich aber nicht nehmen, sich beim Live Radio Salzkammergut einzubringen und hatte sogar über einige Jahre hinweg eine eigene Sendung (jeden Sonntag von 13 bis 14 Uhr), die sie mit Texten und Musik gestaltete und die den Namen „Intermezzo um eins" trug.

Zum Ausklang des Porträts und zur Erinnerung an die Haiku-Freundin Isolde Schäfer habe ich eine kleine Auswahl ihrer Haiku und Tanka zusammengestellt und ihre Publikationen, die die japanischen Gedichtformen betreffen, aufgelistet.

Auswahl von Haiku und Tanka (die Isolde Schäfers Briefen und ihren Publikationen entnommen wurden)

Eisblumenfenster.
Ein Hauch rosiger Lippen –
kleines Tor zur Welt.

Langsam flußabwärts
treibt neben dem Lastenkahn
die Apfelblüte

Auf harten Stoppeln
zum Kartoffelfeuer gehn –
wieder ganz Kind sein

Schloßbrunnen im Hof.
Wie oft lag der Mond darin
in klaren Nächten –
Geranien wuchern heut
über den steinernen Rand.

(Gutshof Rastbach; i. m. Imma von Bodmershof)

Mondlicht im Zimmer –
vertraut sind mir die Dinge
und doch verzaubert

Nächtliche Stille –
das knarrende Gartentor
verrät mir den Gast

Die letzten Mücken
in der Kühle des Herbstes!
Blutrünstig wie nie …

Im alten Salzberg
die mystisch dunkle Höhle.
Spiegelblank der See –
Nur ein Tropfen fällt – zerreißt
die Stille der Ewigkeit.

Quellenhinweis:

Nr. 1 aus „Das kleine Buch der Haiku-Dichtung", Graphikum Verlag 1992, S. 37
Nr. 2 aus Isolde Schäfer: „Mond-Meer-Haiku", St. Georgs Presse 1992
Nr. 3 aus der Anthologie „Über die Brücke", St. Georgs Presse 1999
Nr. 7 aus dem Bericht zum 4. Haiku-Kongress der DHG, Gföhl 1995
Die restlichen Gedichte wurden den von Isolde Schäfer an mich gerichteten
Briefen und deren Anlagen entnommen.

Auswahl-Bibliografie zu Isolde Schäfers Publikationen

(betrifft nur die japanischen Gedichtformen)

- Sternschnuppen. Haiku/Senryu/Tanka, Pocket Print im Graphikum, Göttingen 1991

- Mond-Meer-Haiku, St. Georgspresse 1992

- Fisch mit Rauchfang. Erinnerungen an die Kindheit. Tanka-Zyklus, Verlag und Druck: R. Wimmer; Bad Ischl 1995

- Rotkehlchen zwitschert … Haiku – von Kindern geschrieben; zusammengestellt und herausgegeben von Isolde Schäfer; Selbstverlag. Druck: R. Wimmer, Bad Ischl 1995

Außerdem gab Isolde Schäfer noch vier, selbst gestaltete, Haiku-Bändchen heraus:

1. haiku – schönes mit dem herzen gesehen
2. Von Pfirsichblüte und Eiskristall
3. Ischl-Impressionen
4. Venedig-Impressionen

- Mitarbeit bei mehreren Kettendichtungen nach japanischem Vorbild.
- Kasen, Hyakuin und Senku, die im Graphikum Verlag in den 90er Jahren veröffentlicht wurden.
- Diverse Beiträge in Literaturzeitschriften in Österreich, Deutschland und Japan.

Rüdiger Jung / Conrad Miesen

ZUM HIMMEL FLIEGEN
Rengay i. m. Isolde Schäfer

Gruß aus Bad Ischl
„Wenn es nur einmal still wär"
schriebst du im Advent

einer Zeit die Ankunft heißt
und tiefes Sehnen benennt

Tage der Kindheit
leben auf: Kriegsnot und
Großmutters Polsterzipf

Die Dinge sind es
die sich an uns
erinnern

Schaukel in Nachbars Garten
um zum Himmel zu fliegen

mitten in der Luft
bleibt plötzlich stehen
für immer

C.M.: 1, 3, 5 / R.J.: 2, 4, 6

HaiQ

von Claudia Brefeld und Thomas Opfermann
(Wir freuen uns auf Ihre Beiträge. Bitte an: haiq@haiku.de)

Nachdem wir in der letzten Ausgabe nochmals ausdrücklich um Ihre Kommentare, persönlichen Ansichten und Ideen zu den bisher in HaiQ thematisierten experimentellen Ausgestaltungsmöglichkeiten des Haiku gebeten hatten, haben uns einige Beiträge erreicht.

So äußert sich **Peter Rudolf** zu der Möglichkeit, die Comic-Sprache (vgl. SG 135) im Haiku zu verwenden:

„1) Ein Ausrufewort wirkt intensiv und bringt meiner Meinung nach einen starken Inhalt mit sich; es dominiert wahrscheinlich alle drei Zeilen, sofern eine Autorin nicht sogar noch weniger Zeilen daraus macht.
Au! / die Rose hat ja Dornen

2) Wenn ich als DHG-Haijin ein Comic-Ausrufewort benutze im Umfeld meiner üblichen Wortwahl und -zusammenstellung, scheint mir dies dann im konkreten Haiku auf einen Code-Wechsel hinauszulaufen. Ich frage mich, ob ein so kurzer Text wie ein Haiku mit maximal 17 Silben einen Code-Wechsel erträgt bzw. ob er verstanden wird.
meiner Rosen Dornen / autsch - / tun mir weh

3) Ich vermute bei mir eine Abneigung gegenüber dem Anwenden von Lautmalereien, wie ich sie beispielsweise aus der Comic-Welt kenne, in einem Haiku. Franzosen pflegen ja eine unwahrscheinlich viel reichhaltigere Comic-Literatur als wir Deutschen. Dies schreibe ich, mich an die Comic-Auswahl drüben in der französischen Buchhandlung im elsässischen St. Louis erinnernd. – Wir DHG-Haijin wollen ja etwas sagen – aber vorzugsweise mit leisen Tönen."

Dass Comic-Sprache nicht nur auf das Haiku beschränkt sein muss, das zeigt **Tony Böhle** in folgendem Tanka:

Die Cola-Dose
öffnest du mit einem TSCCHHHT!!!
und saugst dir den Finger,
als hättest du gelernt:
Verletzt man dich, zeig niemals, dass du blutest!

Auch **Birgit Heid** hat sich ausgiebig mit der experimentellen Ausgestaltung des Haiku beschäftigt und eigene Ideen eingebracht:

„In der Vergangenheit empfand ich die HaiQ-Beispiele oftmals als nicht allzu weit entfernt von normalen Haiku oder Haiga, was mir persönlich die Beteiligung an einer Diskussion erschwert hat.

Beispielsweise empfinde ich jede Art von Visualisierung als Haiga. Erst recht, wenn diese ergänzend verbal beschrieben sind.

Eine Zuordnung als Haiga macht jedoch den Spezialbegriff HaiQ überflüssig.

Beim Thema Neologismen sehe ich mich in manchen früheren Kommentaren bestätigt: Diese Haiku sind entweder nur in einem begrenzten Zeitraum gültig, weil die Begriffe Allgemeingut werden, oder verlieren sich in der Zeitgeschichte, wenn die Begriffe nicht weiterverwendet werden. In ersterem Fall verliert das Haiku die spezifische Besonderheit und dürfte sich dann künftig nicht mehr HaiQ nennen.

Auch bei der Lautmalerei sehe ich oft keinen Unterschied zu einem sonstigen Haiku. Vor allem dann nicht, wenn sie quasi erklärt wird, ich den Inhalt des Haiku in Gänze verstehen kann und die Lautmalerei als originelle Ausdrucksform noch hinzukommt. Ich sehe häufig keine Notwendigkeit, einen neuen Begriff einzuführen, auch wenn die Haiku als gelungen gelten.

Vor einigen Ausgaben war von Grenzüberschreitungen die Rede. Hierzu gehört Mut, das angestammte Territorium beherzt hinter sich und etwas Fremdes entstehen zu lassen, ohne jedoch inhaltlich in Richtung Beliebigkeit abzudriften. Das Thema finde ich spannend, habe es aber selbst noch nicht ausprobiert. Es erfordert sicherlich eine große Schreiberfahrung, um auf der Gratwanderung nicht die Balance zu verlieren.

Ich finde, ein HaiQ sollte auch neue Denkmuster mit sich bringen, um als Begriff Bestand haben zu können. Eine neue Architektur und nicht nur eine neue, bislang verborgene Kammer in einem bestehenden Haus. Meine Überlegung war, das Haiku nur als eine Art Türschloss zu verstehen, zu dem man sich den Schlüssel suchen, die Tür damit öffnen und den jeweiligen Raum betrachten kann. Beispielsweise dadurch, dass man den alltäglichen Begriffsraum verlässt. Wenn man die Zusammen-hänge, das bedeutet den Schlüssel, gefunden hat, in der Regel im Inter-net, eröffnen sich neue Räume des Wissens und der Erkenntnis. Oder ist das auch noch kein HaiQ?

Ein paar Beispiele:

Hippocampus
eine Spinne verlässt
ihr Netz

Growth differentiation factor 15
so viele Jahre
früher

Mind-Beagle
in die Tiefe tauchen zur
P300-Welle"

Gerade diese neuen Ideen, wie auch **Peter Rudolf** mit seinem Ansatz „drei Zeilen – drei Worte" zeigt, laden für die folgenden SOMMERGRAS-Aus-gaben zu weiterem konstruktivem Austausch ein:

„Unter dem Stichwort drei Zeilen – drei Worte notiere ich seit August 2019 Dreizeiler im 5-7-5-Silbenschema, welche pro Zeile lediglich ein Wort aufweisen. Dieses Vorhaben verfolge ich unregelmäßig und nicht nur, aber auch, als ein ernsthaftes. Ich berücksichtige bei der Aufnahme in das entsprechende Büchlein in etwa folgende Anforderungen: Die einzel-nen Wörter sollen verständlich, eher nicht verwirrend sein und durchaus einen Sinn machen. Sie sollen eher nicht Dada sein. Der Fantasie lege ich bei diesem Projekt aber keine weiteren Zügel an.

Seither haben sich bei mir über hundert solcher Versuche angesammelt. Sie stehen notiert in zwei handgearbeiteten Streifen-Büchlein (Schweizer

Broschur) der Maße 16,5 x 3,0 Zentimeter und weisen, dank der beiden Kartondeckel, eine Dicke von 1,5 Zentimetern auf. Wenn ich in meinen drei-Zeilen-drei-Worte-Büchlein blättere, meldet mein Kopf neben ordnenden auch kritische Gedanken wie: Mit japanischen Haiku haben diese Texte nur mehr wenig zu tun; schau mal, was für unmögliche Wörter du da zusammengebastelt hast. Solcherart sind nur die freundlichsten Gedanken, die mein Kopf vermeldet.

Von der Rubrik HaiQ angesprochen, schicke ich hier Beispiele mit dem Angebot, sie zu veröffentlichen:

Silbermondlichtkleid   Einsamkeitspfleger
Sommernachtstraumgeflüster   Mondlichtstrahleneinsammler
Sirenenauge   Weißlichtmilieu

Vollmondwolkenschau
Astronomiekursleiter
Anhimmelungen"

Zufällig sind wir bei einer Recherche auf die Ausgabe **VDH Jahrgang 1, Heft 3** gestoßen, in der wir Folgendes abgedruckt gefunden haben. Da wir es sehr bemerkenswert finden, dass in 1988 so ein „Tanka-Versuch" im VHS (Vorläufer SOMMERGRAS) zu lesen ist, möchten wir es hier vorstellen:

Vergissmeinnicht
Vergissmein . . . .
Vergiss . . . .
Ver . . . .
V . . . .
. . . .

(Buchbesprechung „Vergissmeinnicht, Gedichte. Lili Keller. 1988" von Karl Heinz Kurz)

Weitere Anmerkungen und experimentelle Vorschläge zur Weiterentwicklung des Haiku hat Tony Böhle im nachfolgenden, separaten Beitrag ausgearbeitet.

Schreiben Sie uns Ihre Rückmeldungen. Wir freuen uns auf Ihr Feedback, Fragen und insbesondere weitere Ideen und Themenwünsche!

Tony Böhle

HaiQ

Mittlerweile sind bereits einige Beiträge in der Artikelreihe HaiQ erschienen, in denen die Erscheinungen des „neuen" Haiku thematisiert werden. Interessant dabei scheint mir, dass z. B. die Einbeziehung von Neologismen, technischen Erscheinungen oder neuen Kommunikationsarten oftmals noch als „experimentell" betrachtet werden, obwohl sie sich in anderen Teilen der Welt schon vor Jahren oder Jahrzehnten etabliert hatten. Für Haiku (aber auch Senryu, Tanka und Co, für die die nachfolgenden Betrachtungen analog gelten sollen), sind diese Gestaltungsmittel jedoch nicht „experimentell", sondern essentiell, wenn es seinen Status als relevante lyrische Formen behalten oder überhaupt erst erreichen will.

Das Ziel ist am Ende weder eine Revolution des Haiku-Schreibens oder eine Reform desselben, sondern lediglich eine Fortsetzung dessen, was diese Gedichtformen seit Anfang des 20. Jahrhunderts so erfolgreich gemacht hat: die Kenntnisnahme der Realität in all ihren Erscheinungen, deren Folgen und die Verarbeitung in Haiku-Form. Oder anders gesagt: Eine Lyrik, die nicht fähig oder willens ist, sich weiterzuentwickeln, den Bedürfnissen und Erscheinungen ihrer Zeit anzupassen, also die Sprache ihrer Zeit zu sprechen, bleibt zurück. Sie verliert auf Dauer an Relevanz und degeneriert zum Kitsch. Gustav Mahler (1860–1911), der bekannte Wiener Hofoperndirektor und Komponist des *Fin de la ciel*, hat einmal zu Sinn und Zweck einer Symphonie gesagt, es gehe ihm darum, mit allen zur Verfügung stehenden Mitteln eine Welt zu erschaffen. Auch wenn es nahezu unmöglich ist, in einem einzelnen Haiku (wohl aber nicht in einer Sequenz) den Eindruck einer ganzen Welt entstehen zu lassen, sollte sich die Dichtung doch genauso aller zur Verfügung stehenden Mittel bedienen!

In diesem Sinne möchte ich den Blick neben den bereits vorgestellten Gestaltungselementen im zeitgenössischen Haiku noch auf zwei bislang weniger beachtete Gestaltungsmittel richten:

Nennung von Markennamen

Ein bis heute umstrittenes Gestaltungselement ist die Einbeziehung von Markennamen. Diese Technik wird wohl deshalb zwiespältig betrachtet, weil sie mit Schleichwerbung und Kommerzialisierung assoziiert wird. Jenseits dieses ersten oberflächlichen Blicks kann sie insbesondere in der Kurzlyrik ihre ganze Stärke ausspielen. Marken transportieren und repräsentieren u. a. ein gewisses Image, das wir bewusst oder unbewusst auch in uns abgespeichert haben. Verwenden Protagonisten in einem Text Produkte einer bestimmten Marke oder konsumieren diese, steht weniger der Aspekt der Werbung im Vordergrund, sondern vielmehr eine Charakterisierung der Figuren anhand ihrer Gewohnheiten und Verhaltensweisen, was auch das Konsumverhalten einschließt. Für die Einordnung einer Figur macht es also durchaus einen Unterschied, ob sie ihren Kaffee bei Tchibo, McDonald's oder Starbucks trinkt! Die Beispiele ließen sich an dieser Stelle beliebig fortsetzen. Zur weiteren Illustration soll hier aber ein Haiku von Mayuzumi Madoka (*1965) genügen:

we gather herbs	wir sammeln Kräuter
after arriving	nachdem wir angekommen sind
in a red Porsche[1]	im roten Porsche

Anhand dieses Haiku möchte ich noch einen weiteren Aspekt der Nennung von Markennamen ansprechen. Man kann sich natürlich die Frage

---

[1] Makoto Ueda, Far Beyond the Field: Haiku by Japanese Women, Columbia University Press, 2003, S. 231.

36

stellen, ob eine ausreichende Charakterisierung der Figuren oder Situation nicht ebenso gut möglich wäre, wenn man „Porsche" einfach durch „Sportwagen" ersetzt. Betrachtet man aber das o. g. Haiku unter den Aspekten Konkretheit, Realismus und Natürlichkeit der Sprache, ist die konkrete Nennung der Sportwagenmarke die stärkste Fortsetzung. Die meisten Menschen würden in einer alltäglichen Unterhaltung (besonders im Automobilland Deutschland) ebenfalls konkret werden und von Porsche, Maserati oder Ferrari (in diesem Falle aber ohne das Attribut „rot", da hier wohl schon der Markenname impliziert) sprechen, ohne den sperrigen Oberbegriff „Sportwagen" in den Mund zu nehmen. Somit folgt die Nennung der Marke neben der Konkretheit auch dem Ideal der natürlichen Sprache. Zur weiteren Illustration sollen hier noch ein paar Tanka dienen, insbesondere von Tawara Machi, die häufig Markennamen in ihr Tanka einbaut:

It starts before	Es fängt schon im
my wake-up call to you -	Schaum der Etikette Lion
in Etiquette Lion toothpaste foam[2]	Zahnpasta an,
	Bevor ich dich mit einem
	Guten-Morgen-Anruf wecke.[3]

Warmly recommended by my mother –	Diese Handcreme
this handcream called	Marke „Yu-Skin A" von
„You-Skin A"[4]	Mutter mit
	Wahrem Feuereifer
	Mir zum Gebrauch empfohlen.[5]

---

[2]Tawara, Machi; Carpenter, Juliet Winters; van Starrex, Rudi (1990): Salad anniversary. 1. Aufl. New York, N.Y: Distributed in U.S. by Kodansha International/USA, S. 89.

[3]Christine Mitomi, Das „Sarada Kinenbi" der Dichterin Tawara Machi: Untersuchung zu dem Millionenerfolg einer Gedichtsammlung in Japan, 1990, S. 83.

[4]Tawara, Machi; Carpenter, Juliet Winters; van Starrex, Rudi (1990): Salad anniversary. 1. Aufl. New York, N.Y: Distributed in U.S. by Kodansha International/USA, S. 155.

[5]Christine Mitomi, Das „Sarada Kinenbi" der Dichterin Tawara Machi: Untersuchung zu dem Millionenerfolg einer Gedichtsammlung in Japan, 1990, S. 117.

„So, good luck ...“	„Alles Gute und
writing this last letter	Lebewohl!“ Bei MacDonald's in
in a corner of McDonald's[6]	Einem stillen Eck
	Schreibe ich ihm zum Abschied
	Einen allerletzten Brief.[7]

Verwendung von Emoticons

Die Erscheinung unserer Sprache ist in den letzten Jahrzehnten wahrscheinlich einem schnelleren Wandel unterworfen als je zuvor. Ein Faktor mag dabei das globale Zusammenwachsen sein, das einen permanenten kulturellen und sprachlichen Austausch befördert. Zum anderen trägt die Technisierung unseres alltäglichen Lebens maßgeblich dazu bei. Unsere Sprache hat sich nicht nur mit Neologismen angereichert; auch die Art zu kommunizieren selbst wurde durch das Aufkommen von Kurznachrichten (SMS) und Messenger-Diensten (z. B. WhatsApp) einem grundlegenden Wandel unterzogen.

War es in der „Generation SMS" so, dass der elektronische Austausch mittels der auf 140 Zeichen begrenzten Kurznachrichten zu einer Komprimierung der Sprache und einer verstärkten Verwendung von Abkürzungen (KA = keine Ahnung, HDL = Hab dich lieb, LOL = laughing out loud) führte, hat sich mit der Einführung von Smileys und Symbol-Emoticons in Messenger-Diensten diese auch wortlos möglich gemacht! Ein triviales Beispiel zur Illustration.

Nachmittags gegen 5 Uhr erreicht mich eine WhatsApp:

🍕 (=Pizza) 🍔 (=Burger) 🥗 (=Salat)?

Meine Frau möchte also offensichtlich wissen, was wir zu Abend essen wollen. Meine Antwort kommt prompt:

🤔 (kurz überlegen)... 🍕 (Pizza) 👍 (Daumen hoch).

---

[6]Tawara, Machi; Carpenter, Juliet Winters; van Starrex, Rudi (1990): Salad anniversary. 1. Aufl. New York, N.Y: Distributed in U.S. by Kodansha International/USA, S. 170.
[7]Christine Mitomi, Das „Sarada Kinenbi" der Dichterin Tawara Machi: Untersuchung zu dem Millionenerfolg einer Gedichtsammlung in Japan, 1990, S. 125.

Darauf: 🐌 (OK, hört sich gut an).

Dieses „Gespräch" hat ohne die Verwendung auch nur eines einzigen Worts (!) stattgefunden und ist doch eine vollwertige Unterhaltung geblieben.

Bislang scheint es dennoch so zu sein, dass dieser bereits erfolgte elektronische Kommunikationswandel in Haiku, Tanka und Co. keine Fußspuren hinterlassen hat. An sich ein durchaus verwunderlicher Umstand. Für Haiku und Tanka gelten gleichermaßen Kürze, Konkretheit und Natürlichkeit als wichtige Gestaltungskriterien – dabei werden gerade diese durch die Verwendung von Emoticons ideal befördert. Mangels Alternativen möchte ich hier ein Tanka als Beispiele anführen, das in der letzten Ausgabe von SOMMERGRAS erschienen ist:

Auf meine WhatsApp „🐌 + 🍩?" antwortest du „🐌🖱 🐚".
So plan' ich heute Abend
eine Romanze allein.[8]

Hier wird das Phänomen des „Sexting"[9] thematisiert. Per Messenger-Dienst (WhatsApp) erfolgt an eine lockere Liebschaft die Anfrage auf ein spontanes Stelldichein: "🐌 + 🍩?" Die wird aber abgelehnt mit dem Hinweis, der männlich Part solle sich heute selbst um seine Bedürfnisse kümmern: "🐌🖱 🐚". Dabei wird die Verwendung der Emoticons nicht als Phänomen selbst bestaunt; sie tritt quasi als „natürliche" Art Kommunikation in Erscheinung.

Es ist nicht der Punkt, dass der Gebrauch dieser Gestaltungselemente der Weisheit letzter Schluss wäre. Dem ist ausdrücklich nicht so. Vielmehr sind sie Ausdruck des Zeitgeists, ein Blick bzw. eine Antwort auf die Gegenwart aus der Gegenwart heraus. Genau darin liegt ihre Relevanz begründet. Ihre Verwendung darf aber kein Selbstzweck oder Showeffekt sein, sondern muss im Dienst des Textes und seiner Aussage stehen.

---

[8]Sommergras Ausgabe 134, September2021, S. 91.
[9]Private Kommunikation über sexuelle Themen per mobile Messaging

Haiku, HaiQ und Definitionen

Die Frage neuer Gestaltungselemente stellt unausweichlich auch die Frage nach den Grenzen des Haiku. An verschiedensten Stellen findet man Versuche, anhand von Form, Stil und Sprache zu definieren, was Haiku, Tanka und Co. wären.

Allen Definitionsversuchen ist der Umstand gemein, dass diese mehr oder weniger treffsicher eine Idealvorstellung des Status Quo definieren. Beachtet werden muss dabei aber, dass keine dieser Definitionen erschöpfend ist oder es jemals sein könnte, da das Haiku einer permanenten Evolution unterworfen ist. Eine Definition bestimmt nicht vorauseilend, was Haiku, Tanka und Co für jetzt und alle Zukunft sein werden, sondern liefert nur retrospektive Beschreibungsversuche. Die Grenzen der Gattung werden von uns selbst gesetzt, in dem, was wir erschaffen, als entsprechende literarische Form bezeichnen, und dem, was von der Allgemeinheit als solches akzeptiert wird.

die Stille

die Stille

die Stille

nach dem Einschlag

GH

Haiga: Gabriele Hartmann

Kompakt

Claudia Brefeld

Yūgen
(Anfrage eines DHG-Mitglieds)

Yūgen (幽玄) ist ein nur schwer zu fassender Begriff der japanischen Äs-
thetik. Er kommt aus dem Chinesischen und bedeutet ursprünglich trüb,
mysteriös und tief. In Besprechungen der japanischen waka-Dichtung
wurde er verwendet, um jene subtile Tiefe der Dinge zu beschreiben, die
in den Gedichten nur vage angedeutet wird.

Es ist also eine ganz eigene Wertschätzung und Erahnbarkeit von
Schönheit, die in ihrer Wahrhaftigkeit dann existiert, wenn nur wenige
Worte suggestiv das anzudeuten vermögen, was unbeschreibbar scheint –
ein Raum jenseits der Worte, in der das Subtile und die Zurückhaltung im
Gegensatz zum Offensichtlichen, die Andeutung im Gegensatz zur Aus-
sage ihren Platz finden.

Zeami Motokiyo (世阿弥 元清) (1364–1444), ein japanischer Ästheti-
ker, Schauspieler und ein großer Dramatiker und Theoretiker des japani-
schen Nō-Theaters, fand dafür folgende Beispiele:

Die Sonne hinter einem blumenbedeckten Hügel versinken sehen.

In einem riesigen Wald umherwandern, ohne an die Rückkehr zu
denken.

Am Ufer stehen und einem Boot nachschauen, das hinter fernen Inseln
verschwindet.

Den Flug von Wildgänsen betrachten, die sich in den Wolken verlieren.

Und die subtilen Schatten von Bambus auf Bambus.

Der Begriff yūgen war im Bereich der Poesie (waka) bereits vor der Zeit von Zeami bekannt und wurde im täglichen Leben verwendet. Im Bereich Nō war es jedoch Zeami, der den Begriff gesamtheitlich anwandte und das Konzept weiterentwickelte, das er aus der Poesie übernahm. Er vertrat die Idee der Schönheit der sanften Anmut und die des sabi, die später von Matsuo Bashō (1644–1694) zur Bezeichnung der ruhigen Einsamkeit verfeinert wurde, als das repräsentativste ästhetische Ideal des Mittelalters.

Hinzu kommt: Ästhetische Ideale Japans sind besonders vom japanischen Buddhismus beeinflusst. In der buddhistischen Tradition wird davon ausgegangen, dass alle Dinge entweder aus dem Nichts entstehen oder sich darin auflösen.

Daisetsu Teitaro Suzuki (鈴木 大拙) (1870–1966), ein buddhistischer Gelehrter und Religionsphilosoph, trug zur Verbreitung des Zen-Buddhismus im Westen bei und beschrieb den Begriff yūgen wie folgt:

> Yūgen ist ein zusammengesetztes Wort, wobei jeder Teil, yu und gen, „wolkige Undurchdringlichkeit" bedeutet und als Kombination „Undeutlichkeit", „Unerkennbarkeit", „Geheimnis", „jenseits der intellektuellen Berechenbarkeit", aber nicht „völlige Verborgenheit". Ein so bezeichneter Gegenstand unterliegt weder einer dialektischen Analyse noch einer eindeutigen Definition. Es ist somit für unseren Sinnesverstand nicht als dies oder jenes darstellbar, aber das bedeutet nicht, dass das Objekt völlig außerhalb der Reichweite menschlicher Erfahrung liegt. In der Tat wird es von uns erlebt, und doch können wir es nicht in das Tageslicht der objektiven Öffentlichkeit tragen. Es ist etwas, das wir in uns selbst fühlen, und doch ist es ein Objekt, über das wir sprechen können, ein Objekt der gegenseitigen Kommunikation nur unter denen, die es fühlen können. Es ist hinter den Wolken verborgen, aber nicht völlig außer Sicht, denn wir spüren seine Gegenwart, seine geheime Botschaft, die durch die Verborgenheit übertragen wird, obwohl sie für den Intellekt undurchdringlich bleibt. Das Gefühl ist ganzheitlich. Unklarheit oder Undefinierbarkeit ist in der Tat charakteristisch für das Gefühl. Aber es wäre ein großer Fehler, wenn wir diese Unklarheit für etwas hielten, das erfahrungsmäßig wertlos oder ohne Bedeutung für unser tägliches Leben ist. Wir müssen uns daran erinnern, dass die Wirklichkeit oder die Quelle aller Dinge für den menschlichen Verstand eine unbekannte Größe ist, dass wir sie aber auf eine sehr konkrete Weise spüren können.

Abschließend kann man sagen: Die japanische Ästhetik besteht aus einer Reihe alter Ideale, zu denen wabi (vergängliche und schlichte Schönheit), sabi (die Schönheit des natürlichen Alterns) und yūgen gehören. Diese und andere Ideale liegen einem Großteil der japanischen kulturellen und ästhetischen Normen zugrunde. Während das Konzept der Ästhetik in westlichen Gesellschaften als Philosophie angesehen wird, ist es in Japan ein integraler Bestandteil des täglichen Lebens.

Quellennachweise:

– ANDREW T. TSUBAKI (1971): Zeami and the Transition of the Concept of Yūgen: A Note on Japanese Aesthetics. The Journal of Aesthetics and Art Criticism 30/1, S. 55-67

– Britannica – Zeami:
https://www.britannica.com/biography/Zeami, 20.04.2022

– Traditional Kyoto – Yūgen:
https://traditionalkyoto.com/culture/yugen/, 20.04.2022

– de-academia – Daisetz T. Suzuki:
https://de-academic.com/dic.nsf/dewiki/297547, 20.04.2022

– Wikipedia – Japanese aesthetics:
https://en.wikipedia.org/wiki/Japanese_aesthetics, 20.04.2022

Auswahlen

Die Haiku- und Tanka-Auswahl Juni 2022

Es wurden insgesamt 213 Haiku von 76 Autoren und 50 Tanka von 24 Autoren für diese Auswahl eingereicht. Einsendeschluss war der 15. April 2022. Diese Texte wurden vor Beginn der Auswahl von mir anonymisiert.

Jedes Mitglied der DHG hat die Möglichkeit, eine Einsendung zu benennen, die bei Nichtberücksichtigung durch die Jury auf einer eigenen Mitgliederseite veröffentlicht werden soll.

Eingereicht werden können **nur bisher unveröffentlichte Texte** (gilt auch für Veröffentlichungen in Blogs, Foren, inklusive die Foren auf HALLO HAIKU, sozialen Medien und Werkstätten etc.).

Bitte keine Simultan-Einsendungen!

Bitte **alle** Haiku/Tanka <u>unbedingt</u> **gesammelt in einem Vorgang** in das Online-Formular auf der DHG-Webseite HALLO HAIKU selbst eintragen:

https://haiku.de/haiku-und-tanka-auswahl-einreichen/

Ansonsten per Mail an:
auswahlen@deutschehaikugesellschaft.de

Der nächste Einsendeschluss für die Haiku-/Tanka-Auswahl ist der 15. Juli 2022.

Jeder Teilnehmer kann bis zu **sechs** Texte – **drei** Haiku und **drei** Tanka – einreichen.

Mit der Einsendung gibt der Autor/die Autorin das Einverständnis für eine mögliche Veröffentlichung in der DHG-Haiku-Agenda, auf http://www.zugetextet.com, sowie für eine mögliche Vorstellung auf der Website der Haiku International Association.

Haiku-Auswahl

Die Jury bestand aus Thomas Berger, Bernadette Duncan und Anke Holtz. Die Mitglieder der Auswahlgruppe reichten keine eigenen Texte ein.

Alle ausgewählten Texte – 46 Haiku von 35 Autoren – werden in alphabetischer Reihenfolge der Autorennamen veröffentlicht. Es werden maximal zwei Haiku pro Autor aufgenommen.

„Ein Haiku, das mich besonders anspricht" – unter diesem Motto besteht für jedes Jurymitglied die Möglichkeit, bis zu drei Texte auszusuchen (noch anonymisiert), hier vorzustellen und zu kommentieren. Diesmal wurde ein Haiku ausgewählt.

Da die Jury sich aus wechselnden Teilnehmern zusammensetzen soll, möchte ich an dieser Stelle ganz herzlich alle interessierten DHG-Mitglieder einladen, als Jurymitglied bei kommenden Auswahl-Runden mitzuwirken.

Peter Rudolf

Ein Haiku, das mich besonders anspricht

Ein Weberknecht
trägt durch die offene Tür
den Frühling herein

Dieter Gebell

Dieser Weberknecht kommt aus der Niemals-Gasse. Michael Ende beschreibt in „Momo", wie diese Gasse in einem Stadtteil gelegen ist, in dem ganz andere Gesetzmäßigkeiten herrschen, als wir es gewohnt sind: je langsamer die Schritte, desto schneller das Vorankommen. In der Niemals-Gasse selber ist es sogar nötig, rückwärts zu gehen. Bevor Momo in diese Gasse einbiegt, führt ihr Weg an einem Denkmal in Form eines riesigen weißen Eies vorbei – Symbol aller Wandlung.

Ich meine, jedes gute Haiku ist auf die eine oder andere Weise in der poetischen Niemals-Gasse unterwegs, in der ungewohnte Regeln

herrschen: je leiser, einfacher, alltäglicher in Wortwahl und Inhalt, je unge-
sagter das Gesagte, desto mehr an Haiku-Qualität. Hat der Leser die Ge-
duld, innerlich mitzugehen, findet er sich am Ende der drei Zeilen bei
Meister Hora wieder, dem Hüter der Zeit. Hier trifft man auch die Men-
schen, die in Bombennächten Geige spielen …

Ausgewählt und kommentiert von Bernadette Duncan

Die Auswahl

Muttertag –
nochmals ein prüfender Blick
auf die Handy-Batterie

Valeria Barouch

Buchladen-Café –
an jedem Tisch ein Robinson
auf seiner Web-Insel

Valeria Barouch

Reimwörterbuch
Kein Wort reimt sich
auf Mensch

Daniel Behrens

Magnolienknospen
riechst du den Frühling
fragt die Enkelin

Martin Berner

Abschiedsküsse
sogar das Meer
zieht sich zurück

Claudia Brefeld

Die Lücke im Zaun
wird jeden Abend von der
Dunkelheit geflickt.

Yann Brunotte

Der vereiste See.
Hinten im Schrank nur noch ein
rostiger Schlittschuh.

Yann Brunotte

Lese-Sessel
wie viele Verse
bis zum Frühling

Stefanie Bucifal

in meinem herzen
gefunden die spuren die
ich im schnee gesucht

Sonja Crone

der versteckte Stumpf
wo ich sitze, um zu beten
Hospizgarten

Maya Daneva

Wüstennacht
ich warte auf ein Wort
aus deinem Mund

Frank Dietrich

Holunderblüten.
Eine Frau singt mit den Wellen
des Sees.

Volker Friebel

Laub harken
den Garten schön machen
für den Mond

Claus Hansson

Nebel über dem Fluss
niemand kommt
mir entgegen

Gabriele Hartmann

Trauerurlaub
die große Lücke
in meiner Vita

Maya Daneva

Besitzerwechsel –
auf der Stehleiter am Schuppen
ein Amselnest.

Reinhard Dellbrügge

Hagischale
etwas hält alles
zusammen

Petra Fischer

Ein Weberknecht
trägt durch die offene Tür
den Frühling herein

Dieter Gebell

erfülltes Schweigen
die satten Farben
im *Klee*

Gabriele Hartmann

Pandemie
Alle Familienbilder
ohne mich

Deborah Karl-Brandt

weidenkätzchen
was wir uns
versprechen
Michaela Kiock

Der Vater und das Handy
der kleine Sohn spricht
mit dem Busfenster
Petra Klingl

die Aura
des Gipfels im Abendlicht
jetzt nur kein Wort
Gérard Krebs

Wartezimmer TV –
wie man Zimmerpflanzen
zum Erblühen bringt
Eva Limbach

Befundabruf …
der Klang unserer Schritte
auf gefrorenem Gras
Ramona Linke

Engel der Winde
bei Nacht über den Hirten,
Wolfsrudel nicht weit.
Horst Ludwig

hausauflösung
ich suche
mutters stimme
Michaela Kiock

Hochzeitsring
an einem Finger
das ganze Glück
Petra Klingl

Letzte Schulstunde.
Das Kind folgt aufmerksam der
krabbelnden Fliege.
Moritz Wulf Lange

im Klostergarten
eine Rose
gegen den Himmel
Eva Limbach

Flaniermeile
ein Straßenkünstler jongliert
Seifenblasen
Ramona Linke

morgendämmerung
die erste wolkenreihe
ganz in rosa
Ludmilla Pettke

die größte Münze
im Brunnen;
Vollmond

Kamil Plich

zu Hause
wieder das Ziel nicht erreicht
sagt der Schrittzähler

Sebastian Salie

Frühlingsregen
Die Zeitung des letzten Jahres
wird langsam Erde

Michael Rasmus Schernikau

Verspätung
das Storchennest
immer noch verwaist

Evelin Schmidt

Schleierwolken
die Hochzeit zum dritten Mal
verschoben

Marie-Luise Schulze Frenking

auf dem Arbeitstisch
alle Pinsel versammelt
die Idee fehlt noch

Hans Peter Teuchmann

zwischen Frühlingsgefühlen
den Graupelschauer
auf der Haut spüren

Wolfgang Rödig

Gitterstäbe werfen
wieder längere Schatten
an die Wand

Frank Sauer

Lüftlmalerei
die Häuser erzählen
Geschichten

Evelin Schmidt

Radarfalle
viel zu schnell unterwegs
unser erstes Kind

Marie-Luise Schulze Frenking

schwalben –
mein freund kauft
einen rollator

Helga Stania

Nachtruhe
zwei gelbe Ampeln
blinzeln sich zu

Friedrich Winzer

Rushhour
der bedächtige Schlag
der Turmuhr

Friedrich Winzer

Frühlingserwachen
Mundharmonikaklänge
im Friedwald

Klaus-Dieter Wirth

Tanka-Auswahl

Silvia Kempen und Martin Thomas wählten 7 Tanka von 5 Autoren aus. Die ausgewählten Texte werden in alphabetischer Reihenfolge der Autorennamen veröffentlicht. Es werden maximal zwei Tanka pro Autor aufgenommen.

„Ein Tanka, das mich besonders anspricht" – unter diesem Motto besteht für die beiden Jurymitglieder die Möglichkeit, bis zu drei Texte auszusuchen (noch anonymisiert), hier vorzustellen und zu kommentieren. Diesmal wurden zwei Texte ausgewählt.

Ein Tanka, das mich besonders anspricht

Damit du mehr
den Mann in mir erkennst und
weniger den Freund,
treffe ich dich heute mit
Dreitagebart und Lederjacke.

Tony Böhle

„Wann ist ein Mann ein Mann?" – vielen Menschen dürfte hierzulande bei dieser Frage die Hitsingle „Männer" von Herbert Grönemeyer aus dem Jahr 1984 in den Sinn kommen. In jenem Lied versucht sich der Künstler einer Antwort zu nähern, indem er gesellschaftliche Stereotype, ironische Selbstbilder und biologische Fakten in Bezug auf Männlichkeit und das Mannsein aneinanderreiht. Die thematische Schwere tritt dabei aufgrund der eingängigen Melodie und Rhythmik in den Hintergrund. Nicht so im vorliegenden Tanka, das im Vergleich zu Grönemeyers Ohrwurm wesentlich akzentuierter erscheint und sein Publikum auf diese Weise unmittelbar zum Nachdenken anregt.

Dreh- und Angelpunkt des Gedichts ist eine unerwiderte Liebe. Das Aussagesubjekt des Textes scheint von seinem Gegenüber nicht als potenzieller Partner, sondern einzig als Freund wahrgenommen zu werden – die berühmt-berüchtigte „Friendzone" lässt grüßen. Zurückgeführt wird dieser Umstand – womöglich in einem letzten Akt der Verzweiflung – auf die eigene optische Erscheinung: Bin ich ihr/ihm nicht männlich genug? Doch da fangen die Probleme an: Was versteht mein Gegenüber unter „Männlichkeit"? Was verstehe ich selbst unter „Männlichkeit"? Reicht eine kleine kosmetische Veränderung wirklich aus, um das Herz der angebeteten Person zu erobern?

Die Stärke dieses Tanka besteht nun sicherlich nicht in der tiefgründigen Erörterung moderner Rollenbilder. Im Gegenteil, allzu unbedarft wirkt die Vermutung, dass sich das Mannsein allein über Äußerlichkeiten definieren lässt. Nichtsdestotrotz schafft es das Gedicht gerade aufgrund dieser Arglosigkeit seine Leserschaft dazu zu animieren, die eigenen Vorstellungen in Bezug auf das typisch „Männliche" und typisch „Weibliche" zu hinterfragen. Schließlich wirkt auch das Aussagesubjekt nicht wirklich überzeugt von seinem Plan. Darüber hinaus hat mich das Gedicht aber auch aus dem Grund angesprochen, dass ich in Gestalt der unerfüllten Liebe einen populären Topos der klassischen Waka-Lyrik in ein passendes neues Gewand gekleidet wiedergefunden habe.

Ausgewählt und kommentiert von Martin Thomas

endgültig Schluss gemacht
mit Gott
die Sterne blinzeln
durch kahles Geäst
als würde er mich stalken

Frank Dietrich

Immer mehr Menschen treten aus der Kirche aus. Die Gründe hierfür sind mannigfaltig. Neben den zahlreichen Fällen von sexuellem Missbrauch, die in den letzten Jahren an die Öffentlichkeit kamen, sind es generell gesprochen antiquierte Ansichten in Bezug auf die freie Lebensgestaltung des Einzelnen, welche zunehmend zur Abkehr von der Institution Kirche führen. Was die Autorin oder den Autor des vorliegenden Tanka zum individuellen Bruch mit Gott veranlasst hat, lässt sich nicht in Erfahrung bringen. Es könnte ein persönlicher Schicksalsschlag sein oder der Blick auf das Leid auf der Welt, das in jüngster Vergangenheit wieder allzu deutlich zutage getreten ist. Für die Bewertung des Gedichts ist dieses inhaltliche Detail aber ohnehin vernachlässigbar.

Anfangs verrät der Text nicht wirklich viel, außer dass das Aussagesubjekt „Schluss gemacht" hat. Mit wem genau, bleibt vorerst offen, wobei das Absolute der getroffenen Entscheidung durch das adverbial gebrauchte Adjektiv „endgültig" unterstrichen wird. Denkt man zu Beginn noch an eine typische „Beziehungsgeschichte", wird man in der zweiten Zeile eines Besseren belehrt: Kein geringerer als „Gott" ist es, mit dem gebrochen wurde. Unweigerlich setzt man nach dieser Offenbarung eine Pause und fragt sich, was hierauf noch folgen möge. So scheint sich der Text in den nächsten beiden Zeilen dann auch zunächst vom ursprünglichen Thema zu entfernen, indem von „blinzelnden Sternen", welche man „durch kahles Geäst" beobachtet, die Rede ist. Erst in der letzten Zeile wird das Bild dadurch geschlossen, dass die „blinzelnden Sterne" mit dem Blick Gottes aus dem abendlichen Himmel assoziiert werden.

Dieses Tanka gehört definitiv zu der Art von Texten, die man nicht nur einmal lesen muss, um sie in Gänze zu fassen, sondern die ihre wahre

Qualität erst durch die wiederholte Analyse der einzelnen Bestandteile offenbaren. Kein Wort ist hier dem Zufall überlassen, kein Wort ist hier zu viel. Die Faszination liegt in Details wie dem „kahlen Geäst", den „blinzelnden Sternen" oder der Tatsache, dass Gott nicht einfach nur vom Himmel blickt, sondern das Aussagesubjekt zu „stalken" scheint. Dabei strahlt das Gedicht nicht nur auf der sprachlichen Ebene, sondern auch auf der semantischen einen besonderen Reiz aus. So scheint der Bruch mit Gott zwar aus tiefster Überzeugung erfolgt zu sein, doch in Anbetracht des nächtlichen Himmels, in Anbetracht der Welt, die uns umgibt, fällt es dem Aussagesubjekt schwer, nicht an einen Schöpfer zu glauben. Der Bruch mit Gott ist in diesem Fall also keinesfalls mit dem vollständigen Verlust des eigenen Glaubens gleichzusetzen.

Neben der thematischen Frische und der sprachlichen Kreativität hat mich bei diesem Tanka insbesondere die geschickte Implementierung von Elementen aus der klassischen Naturlyrik in die menschliche Sphäre angesprochen. Zusammen mit dem zuvor behandelten Text handelt es sich meines Erachtens um zwei Paradebeispiele für moderne deutschsprachige Tanka in klassischer Ausrichtung.

Ausgewählt und kommentiert von Martin Thomas

Die Auswahl

Das Feuerwerk
vorüber, doch setzt sich
das Funkeln
noch ein wenig fort in den
Gesichtern des Publikums.

Tony Böhle

Der Frühling ist da!
Unsichtbar für die Augen
beginnt er
in einem Hauch Chloé,
den dein Hals verströmt.

Tony Böhle

Wie er dort sitzt
der Mann auf der Parkbank –
meditierend
möchte man meinen, läge
da nicht die Wodkaflasche.

Reinhard Dellbrügge

endgültig Schluss gemacht
mit Gott
die Sterne blinzeln
durch kahles Geäst
als würde er mich stalken

Frank Dietrich

abfahrende Züge
die zwei alten Schulfreunde
spielen im Keller
immer noch jung genug
für Modelleisenbahnen

Wolfgang Rödig

als wären sie
Vater und Sohn
im Zwiegespräch
der weiße Mond
und der Kopf des Schneemanns

Frank Dietrich

schließ die Augen
sagst du, dann sind wir
im Paradies –
hier haben alle Zimmer
Meerblick

Gabriele Hartmann

Sonderbeitrag von Ramona Linke

Ramona Linke hat aus allen anonymisierten Einsendungen ein Haiku ausgesucht, das sie besonders anspricht. Sie tritt neu als Autorin in dieser Rubrik auf.

erfülltes Schweigen
die satten Farben
im *Klee*

Gabriele Hartmann

Jeder Leser oder jede Betrachterin hat eine eigene Art der Deutung eines literarischen Textes beziehungsweise eine ganz individuelle Sicht auf ein Bild. Das hier vorliegende Haiku versinnbildlicht eine Skizze aus dem Leben der Autorin/des Autors, die mich in den Bann zieht, mir viel Freiraum für Assoziationen lässt. … erfülltes Schweigen / satte Farben – evozieren ein Gefühl von Wohlbehagen, von Ankommen an einem Sehnsuchtsort. Hier ist jemand, im Moment des Eintauchens ins satte Farbenspiel, mit sich im Reinen. Beseelt vom Anblick bedarf es keiner Worte (mehr). Leise stelle ich mich nebendran und …

Meine ersten Gedanken, heraufbeschworen durch das Wort *Klee*, welches kursiv geschrieben steht, wandern zu Paul Klees „Südlicher Garten", zu „Blumenmythos" und vor allem auch zum Werk „Blaue Nacht". Da stehen wir und schauen, jeder schwelgt auf seine Weise, atmet Farben und Formen, genießt. Vielleicht dominiert Stille diese kurze Weile oder ein fernes Flüstern streift uns, einem Windhauch gleich. Währenddessen ich mich so einlasse, stuckt mich Klees „X-chen" an und zwinkert mir zu.

Das Bienensummen einer Kleewiese mit weißen und lila Tupfen nähert sich, drängt sich sacht in meine Fantasie. Ich erinnere einen warmen Sommerabend, Heuwetter … zwei Erstklässlerinnen hüpfen nahebei, sie schaukeln kopfüber an einem Geländer, kichernd und zufrieden lassen wir uns fallen, über kurz oder lang, in den blühenden Klee.

Mitgliederseite

Jedes Mitglied der DHG hat die Möglichkeit, eine Einsendung zu benennen, die bei Nichtberücksichtigung durch die Jury der Haiku- und Tanka-Auswahl auf dieser Mitgliederseite veröffentlicht werden soll.

Kriegsbilder
der Nachbar pfeift
Eine kleine Nachtmusik

Martin Berner

gefrorener See
eine Eisbaderin nackt
Angeln verboten

Eva Beylich

unsere Reisepläne
vor dem Kriegsbeginn ...
nach dem Kriegsbeginn

Maya Daneva

auf dem Hausdach
die Amsel
besingt mein neues Glück

Hildegard Dohrendorf

Späte Heimkehr
Sternenlicht in schwarzem Wasser
Kranichrufe

Hartwig Gleim

Kanadagänse –
in ihre Lieder fallen
rote Blätter

Claus Hansson

der letzte Gast
beim Whisky-Tasting
nichts dazugelernt

Marcus Blunck

RAPS
GELBE
FELDER

Stefanie Bucifal

Fangschreckenpärchen
Liebe
und Dinner for One

Michael Deisenrieder

vor schwarzer Wand
zwei schwarze Stühle
leise fällt Schnee

Petra Fischer

gärten im obstblütenduft
das kleid der freundin
ganz neu

Claus-Detlef Großmann

lass dich anschauen!
dein mund zwar eingefallen
aber die rede frech

Bernhard Haupeltshofer

Wie eine schwarze
Schlange liegt der Weg, verschneit
sind alte Kiefern.

Saskia Ishikawa-Franke

Fünfziger Jahre
Bau steht leer, zwanzig Jahre –
Tauben klopfen an.

Hildegard Korsten

Drei Schäfchenwolken,
Weidenkätzchen, kalter Wind.
Am Weg ein Glücks-Cent.

Johann Reichsthaler

Hahnenkampf
und beide sind gut –
für den Topf

Dragan J. Ristić

die Wespe
übt an der Scheibe
Wirklichkeitskritik

Sebastian Salie

Im schwindenden Schnee
die frischen Maulwurfshügel
Der Frühling ist nah

Michael Rasmus Schernikau

raubtiertage
selbst im zoo
ist sich niemand mehr sicher

Annika Carmen Schmidt

Alpha und Omega
auf dem Weg
das hüpfende Kind

Ute Kassebaum

Hohe Linde –
Vaters Hände
nach der Schicht

Ramona Linke

Irrläufer
Kein Weg zu weit in Richtung
Frieden

Renate Maria Riehemann

Zengarten
Augen öffnen sich zum
Ozean

Peter Rohrbeck

Weiß gedeckte Tische
erwarten die Gäste
frisch gestärkt

Frank Sauer

schneeflocken tanzen
drehen sich im flug –
mein erster tanz lange her

Theo Schmich

Schaukeln mit Anlauf
Magnolienblüten duften
Weiß die Kniestrümpfe

Sulamith Sommerfeld

Die heiße Luft flirrt,
ich erkenne nur Schemen.
Farbtupfer blitzen.

Gerhard A. Spiller

Eben noch reglos
schwingt der Graureiher
sich schließlich auf

Angela Hilde Timm

sicher zuhause
unterwegs
Frosch überfahren

Jan Weck

lieben
bevor auch ich
mein Herz vergesse

Stefanie Wichert

ein leuchten
im herzen des blaus
wegrandblüte

Helga Stania

Die rote Schnecke
nackt und dick aus Italien
kam sie im Salat.
Bat sie zurückzukriechen.
Sie blieb! Vermehrt sich stark.

Christa Wächtler

Sinkend hängt der Mond
im Geäst der Rotkiefer,
verblasst in den Tag.

Birgit Wendling

im Gewürzregal
des Ladens herrscht nun Ordnung
wie bei mir daheim

Klaus-Dieter Wirth

Die Auswahl der folgenden Texte ebenso wie alle in dieser Ausgabe abgedruckten Haiga erfolgte durch Horst-Oliver Buchholz, Eleonore Nickolay, Claudia Brefeld und Thomas Opfermann.

Bei eigenen Einreichungen enthalten sich die Redaktionsmitglieder ihrer Stimme, Diskussion und Wertung.

Gerne verstärken wir unsere Jury in jeder Ausgabe um eine wechselnde Gaststimme. Wir laden alle DHG-Mitglieder ein, sich hierzu bei der Redaktion unter

redaktion@deutschehaikugesellschaft.de zu melden!
Bei allen Beiträgen (inklusive Haiga) bitte keine Simultaneinsendungen.

nach unruhiger Nacht
sehe ich dich
aus meinem Traum kommend
mit duftendem Kaffee
an meinem Bett

Foto: Paul Bernhard und Tanka: Claudia Brefeld

Haibun

Petra Fischer

Taugras

Sorgfältig eingeschlagen liegt es ganz unten in meinem Geburtstagspäckchen.

Ich löse das Band. „Japanische Liebesgeschichten" – ein altes vergilbtes Buch. Als ich es öffne, fällt ein Zettel heraus. „Dieses Buch nahm deine Großmutter mit auf die Flucht aus Ostpreußen". Auf der ersten Seite oben rechts ihr Name.

> Froststille
> unter dem Schnee
> ein rotes Band

Bernadette Duncan

Die Überfahrt

vorbei an unbewohnten Inselgruppen ist es so klar und ruhig, dass an manchen Ufern eine horizontale Linie im Gestein zu erkennen ist – wie für die ersten Schreibübungen der Götter gezogen. Mein Nachbar an der Reling meint jedoch, diese Linien markierten den alten Meeresspiegel – nach der letzten Eiszeit hätten sich die Inseln mit einem großen Seufzer ein Stück gehoben.

> wie klein geworden
> die alte Freundin…
> ihre neuen Gedichte

Bernadette Duncan

Der Duft von Heu

führt in die Kindheit. Die Nachbarn beim Heuwenden. Die Bäuerin, wie sie den Traktor anhält neben dieser riesigen Pflanze am Wiesenrand und herunterklettert – wir, Hände kribblig vom Festhalten, hinterher.

Grashüpfer flüchten
Wolken blicken aus Wolken
Schwalben fliegen tief

Andächtig stehen wir vor flaumigen Blättern und hellgelben Blüten, für die wir den Kopf in den Nacken legen müssen – als hätte die Natur für die Dauer des Sommers hier ihr eigenes Denkmal aufgestellt.

Freiheitsstatue
die vielen Stufen
bis wir oben sind

Unbedingt, so der Enkel abends am Telefon, müsse ich mal kommen und die Königskerze im Garten anschaun.

Frank Sauer

Aberfeldy

Einst gab es in dem Laden Fish & Chips, dann war es ein Partyraum für Jugendliche, und nun ist es gar keine Anlaufstelle mehr. Nur krakelige Graffiti auf den geweißten Schaufensterscheiben spielen höhnisch mit der Gewissheit, dass so bald hier niemand vorbeikommen, anklopfen und eintreten wird, um einen Fisch zu essen in Aberfeldy, im Tal des Tay, oder um Musik zu hören und den anderen beim Tanzen hinter den

Grauschleiern zuzusehen, die sich beharrlich von den Highlands herabsenken.

Tische und Stühle
sind durchgehend
unbesetzt

Volker Friebel

Sterne säen

Bahnhofshalle,
Flügel singen – bis zum Sims
hinter Stahlstacheln.

Im Haus der Märchenerzählerin am Esstisch, bei selbstgebackenen Schneckennudeln und Kaffee spricht sie vom Guten in der Welt und dass sie es so vermisst und deshalb selbst welches sät, durch eine Geschichte, ein Lächeln, ein paar Worte unterwegs in den Straßen, weil es Freude macht und um vielleicht irgendwann etwas davon zurückzubekommen, von anderen in der Welle, die angestoßen wurde von ihr.

Das ist so, wie wenn man Sterne sät, denke ich und trinke vom Kaffee und esse die vierte Schneckennudel und spüre eine Müdigkeit in mir, die vielleicht schon gut ist, genug jedenfalls ist für einen weiteren Tag in der Welt.

Helga Stania

chessiloch

kehre um kehre bergauf; rechterhand gibt laubwald die sicht frei auf ein von wassern geschliffenes tal. der weg wird mühsam; stahlseil und geländer versprechen halt, während die luft sich mit rauschen füllt. langsam steigen wir hinab in den felsenkessel, wo die kleine, zwischen senkrechten wänden hängende holzbrücke zum wasserfall führt

und dann: hoch über uns, stählern und durchscheinend, eine weitere brücke, die uns später die leichtigkeit vermitteln wird, mit dem wind zu tanzen

fern am himmel der abend färbt seinen klang

Gabriele Hartmann

doppelt

Ich gebe ihren Namen ein und betrachte die Bilder, die google mir zeigt. Jede könnte es sein. Auch auf den Gruppenfotos: alle der gleiche Typ.

    unter der Lupe …
    die Rolle der Geliebten
    passt mir nicht

Gabriele Hartmann

stille Wasser

An diesem Aprilmorgen scheint die Sonne leider nicht. Ich habe den Speckstein-Ofen im Wohnzimmer entzündet. Alte Zeitungen, eine Handvoll Späne aus Obstpaletten und zwei Pellet-Stangen sorgen für eine laue Brise. Morgen werde ich zuerst die Scheibe putzen, sonst versottet sie und bleibt undurchsichtig

auf ewig

Gerade flackert es anheimelnd und ich stelle mir vor, wie erotisch es doch wäre, könntest du Klavier spielen und wir lägen nackt auf einem

64

Eisbärenfell, lauschten knisternden Flammen, schlürften Champagner und rauchten was Lustiges. Nun, weder noch — alles nicht. Wir besitzen kein Klavier, kein Fell und trinken stilles Wasser.

ganz ehrlich?! das hier ist nicht das Hotel California …

Gerade habe ich die Scheibe geputzt. Die Asche haben wir im Garten verstreut, untergeharkt und mit Brackwasser angefeuchtet.

in der Tonne meine Fratze – ich strecke mir die Zunge raus

Haiga: Gabriele Hartmann

Tan-Renga

Ilse Jacobson und Claus Hansson

die Nacht wird kalt
ich decke sie ein wenig zu
knospende Hortensie

unser Warten –
Sommerfülle

CH / IJ

Ilse Jacobson und Claus Hansson

erster Ausflug
ins werdende Grün …
mit Rollator

beim geknickten Veilchen
die Handbremse ziehen

CH / IJ

Michaela Kiock und
Gabriele Hartmann

knirschende Schritte
eine Tür öffnet sich
zum Meer

der Horizont seiner Augen
ganz nah

MK / GH

Michaela Kiock und
Gabriele Hartmann

wilder Mohn
wie im Fahrtwind
er nickt

das Rauschen der Farben
trägt mich davon

GH / MK

Michaela Kiock und
Gabriele Hartmann

wir träumten
heute Nacht – das Gegenteil
von Allem

atemlos nehme ich Anlauf
zum großen Sprung

GH / MK

Barbara Lindner und
Horst Ludwig

Zart singen Vögel
zu dem Rauschen der Autos
zugleich, ja zugleich

Durchs Fenster der Blick nur auf
Mauern und Fenster des Heims

BL / HL

66

Brigitte ten Brink und Gabriele Hartmann

Granatfeuer-Leuchten

am langen Tisch
die Welt an der Nase
herumgeführt

Pinocchios Maske
dehnt sich

Inferno
gerade noch war alles
Sonne in mir

wieder einmal verspielt
den Garten Eden

zerstörte Ordnung
am Rande des Fluchtweges
keimt der Frühling

in beiden Händen geborgen
ein farbloses Ja

quer durchs Land
drei Könige – Blutspuren
kreuzen ihren Weg

kein Stern am Himmel
Granatfeuer-Leuchten

BB: 1, 4, 5, 8 / GH: 2, 3, 6, 7

Kettengedichte

Helga Stania

ostwind
Solosequernz

frühlingsmorgen
zwischen ruinen kreißt
der wind

all die stunden nicht wissen wohin

die waisen
am ende ihrer kraft
ins unbekannte

auf den straßen schmilzt der schnee

Es können auch längere und lange Kettendichtungen eingereicht werden, diese werden dann aber nicht mehr im SOMMERGRAS, sondern auf der DHG-Website parallel zur jeweiligen SOMMERGRAS-Ausgabe veröffentlicht. Auf diese Weise wird die gemeinschaftliche Kettendichtung besser gefördert, da es so keine Platzeinschränkungen mehr gibt, die beim SOMMERGRAS ja immer eine Rolle spielen.
Die Kettendichtungen (*renku*) bitte immer mit dem zugrunde liegenden Schema und Anmerkungen einreichen, da es so für die Leser besser nachvollziehbar ist.
Wir freuen uns auf Ihre Zusendungen!

Rezensionen/Besprechungen

Brigitte ten Brink

ALLES!

Rita Rosen und Gabriele Hartmann: ALLES! Foto-Tanbun-Sequenz. bon-say-verlag 2022. ISBN 978-3-945890-48-6.
Zu beziehen unter info@bon-say.de

Ein kleines handliches Büchlein liegt vor mir, mit Spiralbindung im Querformat 14,8 x 10,5 cm groß, 52 Seiten stark, das gut in eine Handtasche oder auch eine etwas größere Jackentasche passt, um es z. B. zur Verkürzung von Wartezeiten zu lesen. Man könnte es auch als „chapbook" bezeichnen, ein Einsteckbüchlein, das ganz unkompliziert überall mit hingenommen werden kann. Das Cover zeigt das Foto eines Blattes auf einem in dunkleren Rosatönen gehaltenen Hintergrund und der Titel ALLES! klingt vielversprechend.

Es entstand anlässlich der Ausstellung „100 Jahre Jawlensky in Wiesbaden", die Gabriele Hartmann und Rita Rosen gemeinsam besuchten. Ihre Eindrücke haben sie in Tanbun-Form festgehalten. Ein Tanbun besteht aus einem sehr kurzen und prägnanten Prosateil mit einem abschließenden Haiku. Jedem Tanbun wurde von Gabriele Hartmann* ein Foto zur Seite gestellt, das mit dem Text eine feinsinnige Verbindung eingeht. Dabei handelt es sich nicht ausschließlich um Fotos der Exponate. Im Anhang findet der Leser eine Kurzbiografie Alexej von Jawlenskys, eine Kurzbeschreibung der Begriffe „Tanbun" und „Sequenz", ein Inhaltsverzeichnis, kurze Informationen zu den beiden Autorinnen nebst einem kurzen Nachwort zur Entstehung des Büchleins: eine Hommage an das Lebenswerk des Künstlers, die jeweilige persönliche Retrospektive einer beeindruckenden Werkschau, verpackt und verbunden im Stil japanischer Kettendichtung (S. 52).

Gabriele Hartmann macht mit dem Tanbun „Gold" in mehrfacher Hinsicht den Anfang: Es ist das erste Tanbun in dem Büchlein und es behandelt sowohl die Ankunft der Autorin in Wiesbaden an einem stürmischen Herbsttag als auch den Auftakt des Aufenthaltes Jawlenskys dort, und es zieht ein beeindruckendes Resümee.

GOLD

21. Oktober. Einer dieser Herbststürme reißt die bunten Blätter aus meinem Himmel. „In Wiesbaden man erwartet mich schon." *

am Ende
dieses Tages werde ich
reicher sein
GH (* Jawlensky an Karl Obersteg, 31. Mai 1921) (S. 5)

Abgerundet wird das Büchlein dann durch das letzte von Rita Rosen verfasste Tanbun.

PFADE

Zwischendurch – immer wieder – wohltuend Landschaftsbilder. „Der Große Weg am Abend" führt durch dämmriges Grün zum schwarzen Tor – verschlossen.

Zeitumstellung –
im frühen Dunkel
der NachHauseWeg
RR (S. 42)

Die beiden Autorinnen haben jeweils ihren eigenen Blick auf die Werke und ihre individuellen Empfindungen während des Ausstellungsbesuches. In den Tanbun kommt dies im ganz persönlichen Stil der jeweiligen Verfasserin zum Ausdruck. Bei Rita Rosen besteht z. B. immer wieder ein direkter Zusammenhang zwischen dem Exponat, das sie gerade betrachtet, und dem konkreten aktuellen Erleben. So behandeln ihre Tanbun im

Prosatext jeweils eines der Ausstellungsstücke und das dazugehörige Haiku ihr persönliches momentanes Erleben.

SCHMERZ

Mit den Online-Tickets in den Raum. Nebeneinander stehen. Goldbraune Striche – die Stirnfalten des Meditierenden. „Meine kranken Hände" nannte er das Bild.

    ich
    zerknülle
    den Flyer
        RR (S. 6)

oder

Gesicht

der Weggefährtin. Hochmütig, hochnäsig, hochtalentiert. Kunterbunt. „Farbe ist Emotion", bestimmte die W.

    ein Pulk vor dem Bild –
    in meinem Rücken
    Ellenbogen
        RR (S. 34)

Gabriele Hartmann dagegen macht auch immer wieder das „Drumherum" zum Thema.

BLAU

Alltagsgegenstände – doch diese Farbe! Fasziniert umrunde ich die Stele, strecke eine Hand
aus …

ein Räuspern
ruft mich zur Räson – ich suche
das Weite
GH (S. 21)

oder

ZUWENDUNG

Ein neuer Raum. Unter Glas die Liste der Sponsoren. Ein Herr im Cut
nähert sich, nestelt am Audioguide, kommt

noch näher …
dann streift mich
Sandelholz
GH (S. 29)

Durch die Lektüre bekommt der Leser einen Eindruck von der Präsenta-
tion und dem Werk Jawlenskys. Dieser Eindruck wird durch die Fotogra-
fien, welche sowohl Ausschnitte der Exponate als auch visuelle Erweite-
rungen der textlichen Inhalte zeigen, noch verstärkt.
Ein rundum gelungenes kleines Werk, das nach der Lektüre Lust darauf
macht, diese Ausstellung zu besuchen, um sich einen eigenen Eindruck zu
verschaffen.

*Von Gabriele Hartmann stammen neben den Fotografien auch Cover, Satz und Layout.

Brigitte ten Brink

Serpentinen

Gabriele Hartmann: Serpentinen. Haiku 2021. Erschienen im bon-say-verlag 2022.
ISBN 978-3-945890-49-3. Zu beziehen unter info@bon-say.de

210 Haiku enthält dieses schlicht, man kann sagen spartanisch, gestaltete
Haiku-Buch in Postkartengröße. Je ein schwarzgedruckter Dreizeiler auf
einer weißen Seite, darunter die Seitenzahl – sonst nichts. Haiku pur!
Nichts was ablenken könnte vom geschriebenen, vom gedruckten Wort,
von dessen Inhalt, von den Texten, nichts, was davon abhält, tief in das
dort Festgehaltene einzutauchen.

Es beginnt bereits mit dem Titel dieses Buches: *Serpentinen*. Sucht man
nach der Bedeutung und nach Synonymen dieses Begriffes, wird man im
Fremdwörterduden und im Synonymwörterbuch fündig. Im Fremdwör-
terduden[1] steht u. a. die Bedeutung *Kehre*, im Synonymwörterbuch[2] wird
u. a. die Alternative *Wendung* angeboten. Bezogen auf die Theorie des
Haiku heißt dies, innerhalb der höchstens drei Zeilen, die das Haiku um-
fasst, gibt es eine Überraschung, und es ist alles ganz anders als (anfangs)
gedacht.

Biker
in den Serpentinen
ein neues Kreuz (S. 35)

Was in den beiden ersten Zeilen dieses titelgebenden Haiku noch nach
einem Ausflug in die Berge klingt, bekommt in der dritten Zeile einen bit-
teren Beigeschmack, ebenso

die Brosche
die sie einst trug
versetzt (S. 53)

Diese Wendungen sind jedoch nicht zwangsläufig tragisch,

> Maisonne
> wie die Fältchen sich glätten
> im Buchengrün (S. 41)

> Stadtmauern
> diesseits und jenseits
> das Lied der Amsel (S. 81)

präsentieren immer wieder unerwartete Gedankenverbindungen

> Wurzel-Rhizom
> lt. Geburtsurkunde:
> Vater unbekannt (S. 160)

und an einer Prise Spitzfindigkeit in diversen Sprachspielen fehlt es auch nicht

all1inder8er3stemichamglückzu2feln (S. 93) und nurso**NEID**ee (S. 177)

oder

> ich will
> ~~dass~~ alles ~~bleibt~~
> ~~wie es ist~~ (S. 174)

So steckt dieses Buch voller Überraschungen. Die Spiralbindung lädt dazu ein, es auf einer x-beliebigen Seite aufzuschlagen und sich verblüffen zu lassen von der Vielfalt der Gedanken und Einfälle, die zu unvermuteten Schlüssen führen und immer mal wieder auch mit Erinnerungen und einem Augenzwinkern versehen sind.

> unter der Bettdecke
> die Eulen von Hogwarts
> und ich (S. 16)

74

[1] Duden: Das Fremdwörterbuch. 9., aktualisierte Auflage. Duden Band 5. Dudenverlag Mannheim, Leipzig, Wien, Zürich. S. 950
Serpentine: a) Schlangenlinie; in Schlangenlinien fahren; in Schlangenlinien ansteigender Weg an Berghängen; b) Windung; Kehre; Wegschleife

[2] Duden: Das Synonymwörterbuch. 4. Auflage. Duden Band 8. Dudenverlag Mannheim, Leipzig, Wien, Zürich. S. 792
Spitzkehre, Wegbiegung, Wegkehre, Wendung, Windung

Brigitte ten Brink

Perseidenschauer und Umleitung

Tony Böhle und Gabriele Hartmann: Perseidenschauer. 6 Tan-Renga. Origami-Faltbuch. bon-say-verlag. Zu beziehen unter info@bon-say.de

Tony Böhle (TB) und Gabriele Hartmann (GH) haben zusammen Tan-Renga gedichtet, und daraus sind zwei von Gabriele Hartmann gestaltete Origami-Faltbücher mit je 6 Tan-Renga entstanden.

Schon die Titel weisen darauf hin, worum es in diesen Büchlein geht. Es geht um Facetten des Lebens, um Augenblicke, um Momente des Geborgenseins, des Glückes, der Zärtlichkeit, der Unsicherheit, des Zweifelns. Es gibt Wünsche und Sehnsüchte, wenn z. B. der Frühlingswind sich wie ein Liebhaber nähert oder während das alte Orakelspiel anhand des Abzupfens der weißen Gänseblümchenblütenblätter gespielt wird, ein Perseidenschauer niedergeht. Es gibt Aufbegehren, in dem nicht unbedingt der direkte und der sichere Weg angestrebt wird, sondern eine Umleitung, die Entdeckerlust weckt. Neben diesen beiden kleinen Geschichten erzählen die Tan-Renga weitere, wie z. B. die folgende aus Perseidenschauer.

mit der Zeitung
und einer kühlen Brise
kehrst du zurück

in fetten Lettern
erhebt sich Gegenwind

TB / GH

Oder diese aus dem Heftchen Umleitung

Aprilmorgen
der weiße Atem
des Weihers

ein Geheimnis bist du mir
geblieben, all die Jahre

GH / TB

Es ist wunderbar zu lesen, wie Tony Böhle und Gabriele Hartmann in ihren Unterstollen auf die von dem Partner vorgegeben Hokku reagieren, wie sich beide auf Augenhöhe begegnen und wie es ihnen gelingt zu zeigen, wie viel Leben in fünf Zeilen und maximal 31 Silben stecken kann.

Gabriele Hartmann

Die Affen im Zoo vermissen die Menschen

Ralf Günther Mohnnau, 17 Corona Haiku, japanische Übersetzung Kazuo Hosaka. Englische Übersetzung ASD/Ralph Günther Mohnnau. Grafiken Wol Müller. Gedruckt auf Büttenvorsatzpapier, farbige Einlagepapiere aus Nepalseidelbast, Schrift Maiandra GD, 100 Exemplare Sonderedition, ca. 15 x 15 cm, von Hand gebunden, mit einem handschriftlichen Einlageblatt des Autors.
Zu bestellen über kontakt@alpha-literatur-verlag.de

coronakrise, abstand, coronazeit, quarantäne, coronavirus, maske ... diese Begriffe sind Synonyme für die Pandemie. Objektiv. Global. Doch folgende Momentaufnahmen aus der Feder von Ralph Günther Mohnnau charakterisieren sie. Subjektiv. Universell. Einzig**ART**ig:

die stadt entvölkert stille der einzige gast

der kneipenwirt setzt neben mich eine schaufensterpuppe

das kettenkarussell dreht sich für den wind

die affen im zoo vermissen die menschen

Obwohl ich längst die Nase von der Pandemie voll habe, kann ich nicht genug kriegen von scharf-sinnigen Beobachtungen wie diesen. Letztlich sind es Perspektiv-Wechsel, neue Stand-Punkte und künstl(er)i(s)che Sicht-Weisen, die Fluchten schlagen in vergangene Welten und uns hineinkatapultieren in eine fast schon verloren geglaubte Zeit. Ralph Günther Mohnnau signalisiert in seinen Haiku die Botschaft: Irgendwann ist der Spuk zu Ende. Denn so präsent die Augenblicke auch scheinen: Sie sind bereits passé. Gewichen einer (neuen) Normalität. Zurück in die Zukunft. Angekommen.

Anmerkung der Redaktion: Ein ausführliches Gespräch zu Haiku in Zeiten von Corona mit Ralph Günther Mohnnau finden Sie in SOMMER-GRAS 135.

Reinhard Dellbrügge

Klangschalenton

Martin Berner: Klangschalenton. Haiku-Heft 4. Rotkiefer Verlag, Berlin 2022, 48 Seiten (unpaginiert), Softcover, 10,8 x 17 cm, ISBN 978-3-949029-12-7.

Anfang März dieses Jahres ist in der Heftreihe des sich dem Haiku widmenden noch jungen Rotkiefer Verlages das vierte Heft erschienen. Jede Nummer der Reihe stellt auf 48 Seiten einen Haiku-Dichter bzw. eine Haiku-Dichterin mit Kostproben aus seinem/ihrem Schaffen vor.

Der Autor des neuen Heftes mit dem Titel „Klangschalenton" ist Martin Berner. Auf eine knappe biografische Einführung folgen die Haiku, einzeln dargeboten auf jeweils der rechten Heftseite. Auf den linken Heftseiten sind den Haiku Zeichnungen gegenübergestellt, die ebenfalls von Martin Berner stammen, wobei grafisch gestaltete und leere Seiten einander abwechseln – eine großzügige, optisch ansprechende Ausführung, die dem Wesen des Haiku Rechnung trägt.

Martin Berners Haiku zeichnen sich durch einen ganz eigenen Ton und Reiz aus. Viele sind getragen von feiner Ironie, die manchmal ins Bittere hinüberspielt, und unübersehbarem Humor, der mitunter auch leicht schwärzlich ausfallen kann. Nicht selten befassen sie sich mit den Malaisen des Alterns:

Rentnerrunde
sie helfen sich
beim Wörtersuchen

Aber selbst auf offenbar sehr deprimierende Ereignisse reagiert der Dichter nicht auf düstere oder zynische, sondern doppeldeutig abgefederte, haikutypisch lapidare Weise:

die Sonne geht auf
trostlose Nachrichten
die Sonne geht auf

Mag die Lage auch wie immer bedrückend sein, es bleibt doch meistens etwas, auf das man sich freuen kann:

> sie kämmt sich
> mit Sorgfalt
> heute kommt Bofrost

Der Rotkiefer Verlag plant laut seiner Website, jährlich drei Haiku-Dichter in seiner Heftreihe zu präsentieren.

Werkstattgespräch mit Klaus-Dieter Wirth

Mit „Entkernte Zeit" hat Klaus-Dieter Wirth in diesem Frühjahr seinen nunmehr vierten Haiku-Band vorgelegt. Auf rund 160 Seiten präsentiert er darin 127 Haiku und Senryu aus den Jahren 2011 bis 2013 in vier Sprachen, in Deutsch, Englisch, Französisch und Spanisch. Vorausgegangen waren die Bände „Zugvögel" (2010), „Im Sog der Stille" (2013) und „Stimmen der Steine" (2020). So ist eine umfassende Werkschau mit 630 Haiku und Senryu aus dem über fünf Jahrzehnte andauernden Schaffen des international bekannten Autors und langjährigen Vorstandsmitglieds der Deutschen Haiku-Gesellschaft entstanden. SOMMERGRAS nimmt dies zum Anlass und bittet zum Gespräch.

SOMMERGRAS: Lieber Klaus-Dieter, beginnen wir mit einem Blick zurück. Vor über 50 Jahren hast du mit dem Haiku-Dichten begonnen, zu einer Zeit also, als das Haiku im deutschsprachigen Raum bei weitem noch nicht die Verbreitung hatte wie heute, möglicherweise sogar als etwas exotisch galt. Wie bist du damals auf das Haiku gestoßen, wie hast du es für dich entdeckt?

Klaus-Dieter Wirth: Es war in der Tat schon 1967, als mir per Zufall das Büchlein „Japanische Literatur. Eine Einführung für westliche Leser" von Donald Keene (Zürich Orell Füssli, 1962) in die Hände fiel. Es ergänzte quasi unmittelbar und auf ganz neue Weise mein bisheriges, grundsätzliches Interesse für die Lyrik. Eine exotische, ja, und wohl auch exklusive Entdeckung, genauso empfand ich es damals.

SOMMERGRAS: Hast du dich zunächst theoretisch mit dem Haiku befasst oder hast du gleich mit eigenem Dichten begonnen?

Klaus-Dieter Wirth: Ich war so fasziniert, dass ich gleich meinen ersten Versuch wagte: *Die Sonne funkelt / In den Nägeln der Finger, / Darunter Monde.* Aber nur wenige andere folgten, da ich doch erst mehr über die Tradition und Theorie der Gattung wissen wollte. Allerdings war zu der Zeit leider noch kaum Material dazu verfügbar, und außerdem fehlte mir beruflich begründet die Zeit, mich weiter näher mit meinem neuen Patenkind zu beschäftigen.

SOMMERGRAS: Wenn du dein Haiku-Dichten von damals mit dem von heute vergleichst, gibt es Unterschiede?

Klaus-Dieter Wirth: Verglichen mit heute orientierte man sich – was nicht anders zu erwarten war – an den üblichen Gepflogenheiten bis hin zur Großschreibung bei den Zeilenanfängen und der Verwendung der Zeichensetzung. Inhaltlich neigte man lange im deutschen Sprachraum zu einer romantisch-pseudophilosophischen Sicht. Um auch ja der japanischen Seite gerecht zu werden, gehörten die strenge 5-7-5-Silbenzählung, das Jahreszeitenwort wie auch ein Schneidewort zum unabdingbaren Credo, wobei man mit dem letzteren nie so recht klarkam und glaubte, es allein durch Satzzeichen ersetzen zu können. Wesensmäßig wurde damals nur die Wiedergabe eines tatsächlichen Erlebnisses im Hier und Jetzt akzeptiert, keinerlei Art von „Schreibtisch-Haiku"!

SOMMERGRAS: Seit vielen Jahren veröffentlichst du Haiku auch auf internationalen Bühnen und pflegst viele Kontakte zu Dichtern in der ganzen Welt. Gibt es Besonderheiten in der deutschsprachigen Haiku-Dichtung im Vergleich zu anderen Sprachräumen?

Klaus-Dieter Wirth: Wie schon angedeutet, kam das deutsche Haiku früher eher mit schöngeistigem Anspruch daher. Zum Glück hat es sich im

Verlauf der letzten 20 Jahre stark gewandelt und steht auch im internationalen Vergleich jetzt recht gut da. Dennoch sind – freilich pauschal betrachtet – charakteristische Unterschiede auszumachen. Das sich tonangebend darstellende amerikanische Haiku ist stark psychologisierend, ist auf das Originelle aus, überzieht meines Erachtens die Juxtaposition zu sehr ins Rätselhafte; das britische Haiku ist dagegen zurückhaltender, europäischer; das niederländische Haiku ist – ähnlich dem in den sehr aktiven Balkanländern – ausgesprochen erdverbunden, auf das unmittelbare Umfeld bezogen; das spanische Haiku hält sich immer noch weitgehend an das selbst verordnete Ideal des *Lo sagrado* (das Geheiligte), was schlichten Naturabziehbildchen ohne jede gegenübergestellte Bildvorstellung gleichkommt, und das möglichst im 5-7-5-Silbenschema. Das französische Haiku – übrigens mit der längsten nationalen Tradition – befindet sich, darin ähnlich dem heutigen deutschen, in einer durchaus kreativen mittleren Position.

SOMMERGRAS: Und wie sieht es mit Japan aus, dem Heimatland des Haiku? Du hast es bereist. Wenn man nun die zeitgenössische Haiku-Dichtung in Japan und im deutschsprachigen Raum vergleicht, gibt es da besondere Auffälligkeiten, Gemeinsamkeiten oder Unterschiede?

Klaus-Dieter Wirth: Das Haiku in Japan, nach wie vor sehr populär, ist insbesondere in neuerer Zeit durch zwei stark divergierende Strömungen vertreten: die Traditionalisten und die Vertreter des freien Stils, und zwar so, dass selbst ein Kompromissdenken, wie es sich in der westlichen Welt mittlerweile mehr oder weniger entwickelt hat, kaum vorstellbar ist.

SOMMERGRAS: Auch in deinem aktuellen Buch „Entkernte Zeit" präsentierst du die Haiku und Senryu jeweils in vier Sprachen, wobei es ein originäres Haiku gibt, das in kursiv gesetzt ist, und dazu dann jeweils drei Übersetzungen. Wonach entscheidest du, in welcher Sprache du ein Haiku verfasst?

Klau-Dieter Wirth: Die meisten meiner Haiku sind, wie nicht anders zu erwarten, deutschen Ursprungs. Dennoch kommen nicht wenige in den anderen Sprachen zur Welt. Ausgangspunkt ist fast immer eine bestimmte rhythmische Wortfolge, ja Klangkombination, die von vornherein das gewisse Etwas ausmacht, was sich sogleich bestätigt, wenn das Übersetzen in die anderen Sprachen ansteht.

SOMMERGRAS: Und woher kommen deine Inspirationen? Entstehen deine Haiku im Freien, in der Natur zum Beispiel, oder sind da auch mal sogenannte „Schreibtisch-Haiku" dabei, die in der Dichterklause erdacht werden?

Klaus-Dieter Wirth: Meine Haiku entspringen sozusagen ausnahmslos einem Erlebnisanstoß in der Natur oder menschlichen Umgebung, sind also nie reine Gedankenkonstrukte. Selten können sie zwar durch Parallelerfahrungen in der Vergangenheit gestützt oder weiter modifiziert werden, aber auch das waren ja ursprünglich wahre Erlebnisse. Die „Schreibtischphase" als solche ist wichtig für das Feilen an der Endfassung, denn nur selten gelingt – abgesehen von einer bereits angesprochenen, gewissen Textkomponente – gleich im ersten Anlauf die endgültige Version in Harmonie von Form und Inhalt.

SOMMERGRAS: Zum guten Schluss die ewige und schwierigste Frage. Was ist ein gutes Haiku?

Klaus-Dieter Wirth: Ein gutes Haiku ist eins, das möglichst viele Leserinnen und Leser auf irgendeine Weise anspricht, dabei am besten natürlich in mehrerlei Hinsicht. Vieles spielt hier eine Rolle: der Rhythmus, die Klangpotenz, die Bildlichkeit, der emotionale Appellcharakter, die Interpretationsfülle. Es ist eins, das alles mitbringt, um zum Wegbegleiter zu werden, als Lebenselixier zu dienen. Eine verbindliche Definition für das, was ein Haiku allgemein ist, kann es nicht geben; jedes gelungene Haiku ist an sich ein Beleg dafür!

   Das Gespräch führte Horst-Oliver Buchholz

Klaus-Dieter Wirth, „Entkernte Zeit" („Stoned Time", „Temps dénoyauté", „Tiempo deshuesado"), 127 Haiku, München 2022, ISBN978-3-9623-330-0.

Mitteilungen

Neuveröffentlichungen

1. Martin Berner: Haiku-Heft 04 „Klangschalenton", präsentiert einen Auszug aus dem Schaffen des Haiku-Dichters, ergänzt durch eigene Illustrationen, 10 x 17 cm, Paperback, 48 Seiten, Rotkiefer-Verlag, Berlin 2022, ISBN: 978-3-949029-12-7

2. Hildegard Dohrendorf: Worte & Kunst, Haiku und andere Kurzlyrik mit 38 farbigen Kunstabbildungen, Hardcover, 92 Seiten, Books on Demand, Norderstedt 2022, ISBN 9783754354377

3. Volker Friebel: Haiku-Jahrbuch 2021, Quarantäne unter Sternen, Edition Blaue Felder, Tübingen 2022. Als Papierbuch und E-Buch erhältlich im Buchhandel.
   Kostenfreie Datei: https://www.haiku-heute.de/jahrbuch/

4. Georges Hartmann „Verbrüderung" – Gedankenreisen (nach Japan mit Georges Haiku), Softcover, Fadenbindung, 12,5 x 19 cm, 72 Seiten, farbiges Innencover, bon-say-verlag, 2022.
   Zu beziehen unter: info@bon-say.de

5. Birgit Heid: „Lass uns ein Eis essen, Notizen aus 2021", ein Tanka-Tagebuch, 196 Seiten, Books on Demand, Norderstedt 2022, ISBN 978-3-75340-195-9

6. Eleonore Nickolay und Horst-Oliver Buchholz: „Lichtwechsel" – Tan-Renga, beide Haiku-Dichter führen mit 52 Tan-Renga durch das Jahr, 12,5 x 19,5 cm, Hardcover, Rotkiefer-Verlag, Berlin 2022, ISBN: 978-3-949029-11-0

7. Klaus-Dieter Wirth: „Entkernte Zeit", 127 Haiku, 174 Seiten, Allitera, München 2022, ISBN 978-3-96233-330-0

Sonstiges

1. **Haiku-Preis 2022 von Haiku heute**
   Haiku heute schreibt das vierte Jahr einen Haiku-Preis aus.

   Modalitäten: Die Teilnahme ist frei. Jeder Autor kann ab sofort bis einschließlich 31.07.2022 bis zu zwei eigene Haiku in deutscher Sprache einreichen, die bisher nicht öffentlich geworden sind. Diese sollten bis zum 31.09.2022, dem Abschluss der Auswahl, nirgendwo veröffentlicht werden. Das Thema der Texte ist frei. Ein Haiku sollte aus möglichst nicht mehr als drei Zeilen und möglichst nicht mehr als 17 Silben bestehen. Die Haiku können nur online auf dem für den Haiku-Preis vorgesehenen Formular auf der unten aufgeführten Seite eingereicht werden. https://www.haiku-heute.de/haiku-preis-ankuendigung/

   Rechte: Die Rechte an allen Haiku bleiben bei ihren Autoren. Bei ausgewählten Haiku nimmt *Haiku heute* die nicht-exklusiven Veröffentlichungsrechte von Haiku und Autorenname für seine Seiten in Anspruch sowie für einen Bericht zum Haiku-Preis, der auch an anderen Stellen und in anderen Medien erscheinen kann, sowie für das Haiku-Jahrbuch und **eine von Volker Friebel zusammengestellte Anthologie des deutschsprachigen Haiku (Papierdruck und elektronische Ausgaben).** Die Autoren von ausgewählten Haiku können ihre Texte nach Veröffentlichung des Ergebnisses weiterhin frei verwenden.

   Auswahl der Haiku: Die Auswahl trifft Dietmar Tauchner, einer der bekanntesten deutschsprachigen Haiku-Autoren.
   Gewinn: Die Bestplatzierten erhalten Zertifikate ihres Abschneidens.
   Koordination: Die eingereichten Haiku sammelt Volker Friebel, der selbst keine Haiku einreicht.

2. **Aufruf zur Einsendung** für das Projekt „Personenlexikon zur deutschsprachigen Haiku-Dichtung"

Für das Personenlexikon wurden – und werden noch – etliche aktive *haijin* wegen der sie betreffenden Einträge persönlich angeschrieben. Damit niemand übersehen wird, bitte ich außerdem alle Haiku-Schreibenden um Einsendung von Eckdaten zu ihrer Arbeit: Vorname, Name, Geburtsjahr, Geburtsort, ggf. Ausbildung(en), Hauptberuf, relevante Mitgliedschaften, relevante Preise, ggf. wichtige Einflüsse auf dem Weg zum Haiku, Veröffentlichungen mit folgenden Angaben: Buchtitel, ggf. Untertitel, Ort, Verlag, Erscheinungsjahr; Zeitschriftentitel, ggf. Untertitel, Nr., Jahr; bei Publikationen von Haiku-Gruppen: Titel, Hrsg., Ort, Erscheinungsjahr. Mindestvoraussetzung für eine Aufnahme in die Auswahl sind gedruckte Veröffentlichungen (nicht digital) in drei verschiedenen Jahren. Einsendungen bitte an info@moritz-wulf-lange.de

Erratum

SG 136, Seite 23: Durch einen Übertragungsfehler wurde im Artikel „Body Positivity und Tanka" von Tony Böhle ein Tanka von Ishikawa Takuboku in seiner dreizeiligen Form nicht abgedruckt. Da es sich in der Passage explizit um die Formfrage im Tanka handelt, stellen wir hier noch einmal das Tanka sowohl fünfzeilig als auch dreizeilig dar:

Im weißen Sand
des Strandes einer kleinen Insel
im östlichen Meer
in Tränen aufgelöst
spiele ich mit den Krabben

Im weißen Sand des Strandes einer kleinen Insel im östlichen Meer
in Tränen aufgelöst
spiele ich mit den Krabben.

SG 136, Seite 76: In der Tanka-Auswahl wurden aus Versehen die beiden
letzten Tanka nicht abgedruckt. Die Redaktion bittet die Autoren um Ent-
schuldigung und holt die Veröffentlichung hiermit nach:

Männer bei der Arbeit
der Hochschulprofessor
in seinem Heimbüro
philosophiert angeregt
mit dem Tapezierer
Wolfgang Rödig

aufgewacht
aus einem schlechten Traum
schläft neben mir
noch immer der Traum
meiner schlaflosen Nächte
Friedrich Winzer

SG 136, Seite 102: Es kam beim Korrekturlesen der Rezension von Jim
Kacians Werk: „The Endangered C – Playing with Language, Typography
and Space" zu einem Irrtum, für den wir uns bei der Rezensentin Deborah
Karl-Brand und dem Autor Jim Kacian entschuldigen. Hier die korrekte
Version:
could go either way the frazile sea

SG 136, Seite 108 fehlt in der Rezension von Petra Klingl zum Werk von
Sabine Sommerkamp: „17 Ansichten des Berges Fuji – Bilder und Tanka"
in folgendem Tanka ein -e-, wodurch die 31- Silben-Form des Tanka nicht
erfüllt ist. Auf ausdrücklichen Wunsch von Frau Sommerkamp und Herrn
Prof. Kenji Takedar, der in seiner japanischen Version genau auf die Sil-
benzahl geachtet hat, drucken wir das Tanka hier noch einmal ab:

Wohl hundert Male
habe ich Dich angeschaut
bei Tag und bei Nacht.
Doch jetzt ist mir als seh´ ich
Dich das allererste Mal...

Mentoring

Für das **Haiku- und Haiga-Mentoring** stellt sich Claudia Brefeld zur Verfügung: post@claudiabrefeld.de

Bernadette Duncan bietet **Haiku-Mentoring via Zoom** (Videokonferenz) an. Interessierte wenden sich bitte direkt an bernadette.duncan@outlook.com

Für das **Tanka-Mentoring** stellt sich Tony Böhle zur Verfügung: tonyboehle@web.de

Coverbild

Das Bild für das Cover dieser Ausgabe kommt von Paul Bernhard, geboren 1944 in Interlaken, (Kanton Bern) Schweiz, lebt heute in Langendorf (Kanton Solothurn). In den letzten 20 Jahren seiner beruflichen Tätigkeit arbeitete er in der Versicherungswirtschaft. Mitglied im Fotoclub Solothurn, der FIAP und der PSA seit 1967. Internationale Auszeichnungen: 1978 AFIAP, 1981 EFIAP, 1982 PSA4*CS. Juror bei nationalen und internationalen Wettbewerben. Bei ZEN-Fotokursen bei Jo Fahl wurde er auf die HAIKU-Dichtung aufmerksam gemacht. Schon bald dachte er an Kompositionen aus Bild und Gedicht und kam so zum Haiga. Seit 2017 Mitglied bei der DHG, seither erfolgreicher Teilnehmer bei „Haiga im Focus".

Impressum

Vierteljahresschrift der Deutschen Haiku-Gesellschaft
35. Jahrgang – Juni 2022 – Nummer 137

Herausgeber:	Vorstand der DHG Tel.: 040/460 95 479 E-Mail: info@deutschehaikugesellschaft.de
Redaktion: **Mitarbeit:**	Horst-Oliver Buchholz, Eleonore Nickolay, Thomas Opfermann Claudia Brefeld
Titelillustration: **Covergestaltung:**	Paul Bernhard Stephanie Mattner
Lektorat **Satz und Layout:**	Gabriele Buschmann, Martina Khamphasith Martina Khamphasith

Freie Mitarbeit erwünscht. Ihre Beiträge schicken Sie bitte per

E-Mail an:	Horst-Oliver Buchholz, Eleonore Nickolay, Thomas Opfermann: redaktion@deutschehaikugesellschaft.de
Post an:	Petra Klingl, Wansdorfer Steig 17, 13587 Berlin

Über die Veröffentlichung der Beiträge entscheidet die Redaktion. Die Meinung unserer Autoren muss sich nicht immer mit der Meinung der Redaktion decken. Die Beiträge werden von uns sorgfältig geprüft, für die Richtigkeit, Vollständigkeit und Aktualität der Inhalte, insbesondere der fremdsprachlichen Texte, können wir jedoch keine Gewähr übernehmen.

In der Zeitschrift SOMMERGRAS wird (betrifft Beiträge der Redaktion) die männliche Form stets generisch gebraucht und bezieht folglich die weibliche Form mit ein.

Einsendeschluss
für die Haiku- und Tanka-Auswahl: 15. Juli 2022
Redaktionsschluss: 20. Juli 2022

Jahresabonnement Inland (inkl. Porto) 45 €
Jahresabonnement Ausland (inkl. Porto) 55 €
Einzelheftbezug Inland (inkl. Porto) 12 €
Einzelheftbezug Ausland (inkl. Porto) 14,50 €
Auslandsversand nur auf dem Land-/Seeweg.

Der Mitgliedsbeitrag beträgt 45 € im Jahr und beinhaltet die Lieferung der Zeitschrift (Inland inkl. Porto, Ausland + 10 € Porto).
Die finanzielle Unterstützung der DHG quittieren wir mit Spendenbescheinigungen.